JN060822

長谷川博之 編著

長谷川博之の「成功する生徒指導」の原則

「自分から変わろうとする」生徒たち誕生ドラマ

学芸みらい社

まえがき

　十数年前の冬、勤務市で夜回り先生こと水谷修氏の講演会が開催された。JC主催の会だった。

　部活指導を早く切り上げ、学級の生徒を車に乗せて会場に向かった。

　会場は立ち見が出るほどの人、人、人だった。

　1時間半の講演で、水谷氏から幾つもの質問が繰り出された。

「お母さん方、子どもを褒める言葉と叱る言葉、どちらが多かったですか」

「子どもたち、家で褒められることと叱られること、どちらが多かったですか」

　水谷氏は一つひとつの問いに挙手を求める。

　300名の中に中高生は30名ほど。

　当初、私は学級の女子を1人連れて行く予定だったが、急遽男子2人も同伴することになった。「なんとしても聴きたい」と言うのだ。この3人も「家に帰っても親がいない子」であり、「夜眠れない子どもたち」であった。

　勤務校区には、そういう「家庭」が全体の1/4あった。玄関のドアがない家があった。家を持たず、軽自動車の車内で暮らす家族もあった。保護者の自殺未遂の報を受け、学校から病院に急行するケースも複数回あった。

　生徒指導上の問題を起こす子どもの99％が、家庭で傷ついていた。

　逆境で、子どもたちは必死に生きていた。しかし、見た目は大人びてはいるが、中身はまだまだ子どもである。

　気持ちを外に向ける子は深夜徘徊や喫煙、対人・対物暴力に走り、内へ内へと入る子はリストカットとOD（オーバードーズ）に溺れた。

　学校内外で、昼夜を問わず、さまざまな形で関わりながら事態の悪化を食い止める日々であった。

「子どもたち、学校で褒められることと叱られること、どちらが多いですか。すぐ挙手してください。まず、褒められることが多いという人」

　水谷氏のこの質問に挙手したのは、知人の好意で最前列に座った、私が連れて行った3人だけだった。

　他の中高生は皆、「叱られる方が多い」に挙手した。

　私は会場中程の席からその姿を見て思った。

「彼らだけなのか」

　もちろん、うれしさもあった。３人とも、「普通」の学校にいれば、褒められることはまずないだろう子どもたちだ。

　現に小学校では、「毎日」担任と揉め事を起こして教室を飛び出していた。高学年になると、昼休み以降の授業には出ず、校庭で遊んだり、校長室で教頭先生に面倒を見られたりしていた。

　その子たちが、「褒められる方が多い」と自覚しているのだ。

　これは、担任としても人としても、うれしいことだ。

　（低学年の時にこの子達を担任した女教師が会場に来ていた。帰り際にばったり会った。涙を流しながら私の手を握り、「先生でよかった、さすが先生だ、よく連れてきてくれた、この子達を、ほんとうによく連れてきてくれた、ありがとう、ありがとう、この子達を、どうかよろしく」と言ってくれた。勤務地の小学校から参加した教師がいたという事実もまたうれしかった。）

　だが、感じたのはうれしさだけではなかった。

　師匠、向山洋一氏の話を思い出した。

　ある特別少年院で、入ってくる子どもの生育歴を調べたところ、顕著な共通性が見られたという。

　それは、「成功体験や成就感を味わったことがない」ということと「大人への不信」である。

　成功体験や成就感を味わっていたら、その子の人生は変わっていただろうと専門家は言う。

「成功体験」や「成就感」を味わわせなかったのは誰の責任か？

　これは、誰の責任なのか？

　誰でも認めるだろう。この責任は教師が負うべきなのだ。

　教師の責任なのだ。

　教師だけが（おそらくは）、成功体験や成就感を味わわせることが可能だからである。

久しぶりに、筆がすべるので、もっと考えてみる。

「そうだ、教師の責任だ」と思われている方の多くは「特別少年院に入った子を担任した教師の責任」と考えているのではないだろうか？

　むろん、それもある。

　しかし、それだけか？

　私たち「一般教師」に、責任はなかったのか？

　貴方は「特別少年院へ入るような子ども」も、成功体験、成就感を味わえるような「授業」をつくり出したろうか？

　そのような「教育の文化」への貢献をしただろうか？

　いや、それほどでなくてもいい。

「成功体験を実感できる授業」を、教育界の文化にするために、広めただろうか。

　そうした努力があれば、どこかの「特別少年院」の子どもは救われたかもしれないのである。

　いや、そこまでいかなくてもいい。

　自分のクラスの一人ひとりの子どもに「成功体験を味わわせる授業」を「意図的・計画的」に組み立ててきただろうか？

　私は一人でも多くの教師がそうであることを願いたい。

（『学級経営の急所』）

　目の前の茶髪金髪の子どもたちが、かつて少年院で見た子どもたちと重なり合った。

　俺の責任なのだ、と思った。俺にもできることがあったはずだし、これからもあるはずなのだ、と思った。

　この現実を俺の努力で変革するのだ。熱情が全身を駆け巡った。

「誰もが１日10個は褒められる学校にするために、明日緊急職員会議を開いてください」

　水谷氏の主張は、師匠の主張と重なる。

教えて、褒める。褒めるために、叱る。１叱ったら10褒める。

　自分の学級だけでは圧倒的に足りない。まずは学年、そして他学年の子どもたちにも声をかけていくことだ。

　学校全体を動かさなければ事態は変わらないのだ。

　夜のうちに校長に話し、許可を得た。

　そして週明けの会議で、「誰もが１日最低『１回』は褒められる学校にする」「そのためにまずは自身が褒める」ことを決議したのだった。

　そんなささやかな改善から、一つまたひとつと着手していった。

　背中で示すこと。美辞麗句に酔わないこと。責任転嫁しないこと。

　（あたりまえだけれども）子どもを最優先に考え行動すること。

　粗削りではあるが真剣に大事にしてきたこれらの信条を、更に確かなものにしよう。

　子どもたちを学校から「落ちこぼさない」。

　思想を練りに練り、指導の腕を磨きに磨いて、目の前に生まれた事実をもって日本中の心ある教師と連帯していこう。

　師匠の言葉と水谷氏の講演とをきっかけに、あの夜私は志を新たにしたのだった。

　以来十数年間、セミナー全国行脚、執筆、SNS発信等をひたすらに続けてきた。これからも精魂果てるまで続けていく。

　最後になりますが、今回もまた執筆という教師修業の機会をくださった学芸みらい社樋口雅子氏と、常に我が国の「教育」の行く末を思い叱咤激励してくださる向山洋一師匠に心からの感謝を申し上げます。

　2020年初夏

NPO法人埼玉教育技術研究所代表理事

TOSS代表代行補佐　長谷川博之

目　次

本書を読まれる方への
メッセージ

本書の構成／長谷川博之

　本書は次の四つのパートで構成されています。

　　(1)生徒指導の原理原則を知る

　　(2)若手実践者による長谷川実践の分析から学ぶ

　　(3)分析者の実践報告から応用の仕方を学ぶ

　　(4)分析及び追試実践に対する長谷川のコメントで深める

　まずは(1)で指導の土台となる考え方と、その考え方を基に行った代表的な指導事例とをお示しします。

　20年も現場の最前線で仕事をしていれば、膨大な指導事例が蓄積されるものです。中には書きたくとも書けない事例もたくさんあります。

　インパクト大の事件であり、指導もドラマティックですから、読み物としては面白いのかもしれません。しかし、そのような事例は取り上げていません。理由の第一は、配慮です。第二は、多くの学校では起こり得ず、たとえ面白く読めたとしても、参考にならないだろうからです。

　よって、書ける事例の中から学ぶに値する事実を選びました。

　(2)(3)は、私の研究会に集う若手実践家たちの文章です。「分析」と言っても単なる感想の羅列であり、分析の域には程遠い文章もあります。追試実践にも、私の意図を履き違えているのではないかと思える内容があります。それでも教師歴5年、10年の実践家たちがしんどく考え、熱く実践している、その事実に間違いはありません。

　世に「あれども見えず」と言います。同じ事例を観察しても、実力によって見えるものが変わります。実力が高まれば、それまでには見えなかったものが見えてくるものなのです。

　彼らはその修業の途上にいます。「学びのプロセス」のひとつとして、大きな心で受け止めてくだされば有難いです。

　実践のポイントは(4)で明らかにしました。

　本書が読者の皆様の生徒指導力向上の一助になれば幸いです。

プロローグ　長谷川の「生徒指導」の定義

生徒指導は"錯覚"である

長谷川博之

01 「生徒指導」を自分の言葉で定義しよう

『生徒指導提要』（文部科学省）によれば、生徒指導の定義は次である。

> 「一人一人の児童生徒の人格を尊重し、個性の伸長を図りながら、社会的資質や行動力を高めることを目指して行われる教育活動」

「学校の教育目標を達成する上で重要な機能を果たすもの」「学習指導と並んで学校教育において重要な意義を持つもの」との記述も続く。

異議なし、である。

この定義を踏まえ、自分の言葉で表現することが大切である。

私は、「生徒指導は『錯覚』である」と定義した。

説明が必要だろう。

まずは「俺でもできるかもしれない」「私だってやれるかもしれない」と思わせる。

そして小さくてよいから、最初の一歩を踏み出させる。

それからは、1ミリの進歩を見取って褒め、励まし、理想の行動を強化していく。

最終的に、錯覚を現実のものとする。

一人の成長の事実が周りの人間をも変えていく。そうなるように、語りや手紙、学級通信、学校だより等を活用して成長の事実を伝え、広め、共有していく。

ここまでのプロセスをひっくるめての定義である。

「生徒指導は相手の自尊感情を傷つけずに、どう行動変容させるかというこ

とを考え抜き、実践する営みである」との定義も作った。

　具体的なエピソードを挙げよう。

　中2の男子生徒が三連休明けに茶髪で登校した。職員はもうそれだけで色めき立つ。「どうする？　どうしよう？」と。

　しかし、私には想定内だ。

　周りの生徒が「お前、やってきたなあ！」と盛り上がっているところに入っていき、「〇〇、髪の毛どうしたの？」と尋ねる。

　敢えて大人数がいる前で行う。

「どうしたの？」

「消毒したら、髪の毛の色が変わるって聞いたんで、試したんです」

「ああ！　実験しちゃったのか？　テスト前だからね。理科の実験をしちゃったんだな！　そうかそうか。……でもさ、テスト範囲が違うよね」

　これで全員が爆笑する。

　本人は顔が真っ赤だ。

　その状態にしておいて、「どうする？」と聞く。

「直してきます」

「どうやって直すか、分かる？　黒染めで直すの。どうやってするか、分かる？」

「黒染め買います」

「いつやる？」

「今日やります」

　これで終わりである。

　怒鳴り声は必要がない。明るく、端的にする。

　あとは直すまで見届ければよい。

　こういう対応を積み重ねるのが、私の生徒指導である。

02 絵空事に惑わされることなく、本道の工夫と努力を重ねよう

　毎年のことながら、最も指導の手を必要とするのは4月である。そこから3月までは、紆余曲折ありながらも、右肩上がりに成長していく。個人も、集団も、である。

　これは私が教師として優れているから、というわけでは全くない。なぜと言って、修業で腕を磨いた現在のみならず、右も左もわからず無我夢中で実

践を積み重ねていた20代でも、生徒は荒れなかったからである。20代前半の私に教師としての実力があったとは、嘘でも言えない。

　それでも荒れなかったのはなぜか。理由を考えてみたい。

　ちなみに新卒3年目から5年目にかけ、中1から卒業まで担当した学年の生徒には、次のような特徴があった。

①5つの小学校から入学した。

②うち1校で彼らと保護者が校長を退職に追い込む事件が起きた。

③全小学校でいじめが未解決であった。

④地域住民への暴力、投石等が相次いだ。

⑤中学入学後、40人学級となった。

　いわゆる「マイナスからの出発」である中、生徒が荒れることなく伸びていったのは、組織的対応のほか、およそ次に述べるような点に留意して教育活動を展開したからだと言える。

　敢えて10点に絞る。

①授業で積極的生徒指導を展開する。

②授業で全員の学力を上げる。

③全員参加・全員本気・全員成長を実現する努力を怠らない。

④まず中間層を維持し、伸ばす。

⑤言行一致、信頼に足る大人として生徒の前に立ち続ける。

⑥平日休日問わず関わる。

⑦保護者をも教育活動に巻き込む。

⑧授業・行事・部活動で結果を出す。

⑨大人の理不尽とは戦い、生徒を守る。

⑩伸ばすチャンスを創造する。

　①〜③に限り、短く解説を加える。

　①であるが、当時の私は「肯定的フィードバック」等の専門的スキルを持ち合わせてはいない。私にできるのは「やる気を出させろ！」の一言に代表される、「授業で意欲を引っ張り出す」工夫くらいであった。

　たとえば、教科書もノートも出さない生徒に対し、端から喧嘩腰に迫るのでなく、やる気が出ればノートだって出すはずだと信じて発問・指示・対応を繰り出していた。

　無気力な生徒がなぜ無気力なのかを考えれば、威圧的に注意叱責をしても

効果がないこと程度はわかる。

　目指す「生徒の姿」から遠ざかるような指導は、すべてが無駄である。如何にすれば最短距離でゴールに到達できるか。日々、工夫の為所だったのを覚えている。

　②、③についても、書けば切りがない。

　一例を挙げる。

　出張で、学力向上に係る研修会に出席した。前半に、小中６校の取組について発表を聞いた。それぞれに努力していることは伝わった。だが、効果があったと言われる方法群は、どの学校でも行っている、旧態依然たるものに過ぎなかった。

　それぞれの実践には共通した欠点があった。授業の腕を鍛えることで学力を向上させる。この視点が曖昧であるか、欠如していることである。「授業改善」という言葉はよく出てきた。しかし、改善の中身は、学習形態のバリエーションを増やすに留まっているのだった。

　教師の本業である授業に的を絞り、とことん理想を追求する。

　そういう取組は皆無であった。

　結局、児童生徒の学習「意欲」を横において、教師の考えた方策を連続的に「やらせる」ことで学力・学習状況調査の数値を若干上げているに過ぎないのだった。方策とは、たとえば「復習シート」であったり、「県教委作成の問題集」であったり、学力上位の子が下位の子に教える「リトル・ティーチャー」であったり、「算数カードと宿題」であったりした。どれも思いつき程度の内容だ。

　明治大学の齋藤孝は教員志望の学生に対し「授業のつくり方」を20年以上授業している。

　授業において、彼は怒りを込めて教えていると述べている。

　目の前の学生への怒りではない。教育現場に蔓延する、児童生徒の「魂」を枯渇させる授業群への怒りである。

　学生に、齋藤は言う。

「『子どもの魂を死なせてはいけない』と真剣に考え、子どもに対して責任感を強く持」て。

　異議なし、である。

　各校の発表の中に、中学校数学の授業者への、某大学教授の「指導」内容

があった。

①知識や技能を、演繹的に学ばせるのではなく、生徒が帰納的に発見して、習得することが大切である。

②エレガントな解法をまず教えるのではなく、生徒に苦労させ、地道に課題を取り組ませること。なぜ、そのようになるのかを考えさせる。また、苦労させると、エレガントな解法のありがたさがわかる。

要は教科書を開かせるな、ということだ。

単純ながら、思う。

⑴ ①と②をするには、直感で教科書通りに進める授業の3〜4倍の時間が必要となるだろう。その授業時数をどのように生み出すのか。

⑵ ①と②に時間をかけることによって、逆に、「できないこと」も出てくるはずだ。その点をどの時間に、どのようにカバーするのか。

　結局、教科書の練習問題やドリル・ワーク類が、「そっくりそのまま」宿題になったりするのである。定期考査前にテスト範囲が指定され、その範囲のワーク類を「自力」で解き、提出することが強要される。提出しなければ評価を下げるという脅し文句付きで、である。

　絵空事を言うな、と憤りを覚えざるを得ない。

　こんなことをしているから荒れるのだ。

　一体誰のための「学力向上」なのだ。

　授業でも、行事でも、部活動でも、私たち教師の為すべきは全員参加・全員本気・全員成長を実現する工夫と努力なのである。

　授業の腕、指導の腕の向上こそ、教師修業の本道なのである。

　この修業なくして、すべては画餅である。

03 思春期にある生徒への指導ではいっそうの配慮と工夫を心がけよう

「小学校から中学校への移行期に、非行、校内暴力、いじめ、不登校などの学校における問題行動の発生率が著しく増加します。また学校の勉強についていけない児童生徒の割合も高まります。」(『生徒指導提要』)

　問題行動の定義であるが、『生徒指導提要』第6章第1節の「問題行動に

ついての理解」の記述が参考になる。

　一般に、「中学校では問題行動が多発する」という。一理ある。「中学生ならではの問題行動」なるものは存在しない。諸問題の若年化の事実を見れば明らかである。

　ただし、中学生は「疾風怒濤の時代」たる思春期真っ只中を生きる存在である。

　それゆえに、指導においてよりいっそうの配慮と工夫が要るのは確かである。

　特徴を数点挙げてみよう。

　まず、思春期といえば第二次性徴である。

　身体が変わり、ホルモンバランスが崩れ、性的エネルギーが高まる。ここから生じるトラブルは少なくない。

　中学生は簡単に他校生徒ともつながる。

　恋愛関係のこじれから刃傷沙汰になるケースも稀にある。

　どちらも地下に潜りやすい案件であるが、事前に想定できていれば積極的な関わりでトラブルを予防できる。担任との信頼関係が鍵となる。

　次に、自我同一性を獲得するための格闘である。

　中学生は身近な家族のみならず学校や外部クラブ等の仲間集団から常に影響を受けつつ、一個人としての自己を確立していく。

　この時期の仲間集団の役割は大きい。たとえば仲間といるだけで楽しく、刺激欲求が強まる。

　加えて、往々にして一人の時よりまずい判断をする。脳の報酬系に比べ抑制系が弱いからだ。問題行動の多くはここに起因する。

　思春期の脳は最も刺激に敏感で、最も損傷を受けやすい。

　重篤な心理的障害の平均発症年齢が 14 歳だというデータもある。

　特に仲間関係のトラブルは個々人の人生に大きな影響を及ぼす可能性が高い。なればこそ、ここにも予防的対応が求められる。

　中学生の自制心や判断力は状況で大きく変わる。本人を変えるより、環境を変える方が効果が高い。学級・学年経営がきわめて重要となる。集団形成が予防的対応そのものとなるのである。

　反抗挑戦的行動への対応については次節以降に綴る。

04 たった一人の例外もなく、大切にしよう

　担任時代、秋の文化祭合唱コンクールでは、毎年巨大なドラマが生まれた。中３の10月、「９年間の最後くらい、人の役に立つことをしたい」と、指揮者に立候補したＡ男。

　発達障害（ASD、ADHD）、行為障害の診断を受けていた。

　十数校のワルを束ねる番長だった。

　中２で担任した。

　音楽の授業で騒ぎ、それを注意した男子学級委員を二十数発殴る蹴るし病院送りにしたのを皮切りに、事件は毎日のように起きた。

　行動変容が見え出したのはその年の秋口のことだ。

　それまでは器物を破損しても放っておくことがほとんどだった。

　その日は違った。

　職員室にやってきたＡ男が言う。

「非常口って書いてある赤いやつを割った。ガムテープ貸して」

　彼のことをよく思わないある教師が言う。

「ガムテープを借りる前に言うことがあるだろう」

「なんだよ」

「そういうときは謝るんだよ！」

「謝って済む問題じゃねえだろう！」

　この時点で私が戻る。

　敢えて職員室全体に聞こえる声で言う。

「そうだ。たしかに謝って済む問題じゃない」

　Ａ男が私を見る。

「謝って済む問題じゃないから、テープを借りに来たＡ男は偉い」

　Ａ男の表情が緩む。

「Ａ男は物を壊して反省したから借りに来たんだよな」

　Ａ男はうなずく。

「だからこそ、そういう時にはまずは反省の気持ちを言葉にするんだ。それから借りるんだ」

「……すみませんでした」

こういうやりとりの一つひとつを、職員全体に、意図的に見せていった。

手間と時間をかけて、Ａ男の向上的変容を促すのみならず、職員集団の不適切な対応をも減らしていったのだ。

中３も持ち上がりで担任した。

家庭に恵まれないＡ男である。

父は幼少期に蒸発し、母は恋人と別の家に住んでいた。

母方の祖母、Ａ男、弟だけで住む家は冬の灯油代もままならなかった。何度も灯油を買っていった。

母は、酒を飲むと大変な状態になり、毎週のように警察の世話になっていた。

校長室に居座って校長に平手打ちを喰らわせたことがある。

片手に包丁、片手にゴルフクラブを持って乗り込んできたこともある。Ａ男を殺す、と。

職員室に乱入してガラスコップを割り、死んでやると叫んだこともある。

すべてのケースで私が対応した。

何十回も無心に来た。

校長の許可を得て、何回かに一度は貸した。

家で、Ａ男は王様である。

帰宅すればそこは他校生や卒業生のたまり場となる。

私は毎晩彼を連れ出し、指揮の練習をし、一緒に飯を喰った。

彼の立候補からコンクールまでの３週間、それを通した。

当日、Ａ男は泣きながら指揮をした。

彼にとって、生まれて初めての成功体験だった。

その日、ＮＨＫのカメラが長谷川学級に張り付いていた。

帰りの会の映像には、突っ伏して泣き続けている彼と、彼を取り巻き声をかける子どもたちの姿が映っている。

学級は最優秀賞を取り、16校が集う郡市大会への出場が決まった。

郡市大会では音楽教師が指揮者を務めるのが決まりだ。

Ａ男は歌い手となる。その日から、夜の歌練習が始まった。

当日。彼は歌いながら泣いていた。

各校のワルを前にして、涙を拭いながら、大口開けて歌っていた。

コンクール翌日。

子どもたちの日記には、次のような言葉が溢れていた。

□何か一つを頑晴ってみるという経験がなかった私達に長谷川先生は、重要なことを教えてくださいました。

　本気で何かを為し遂げる素晴らしさ。

　私にもできるんだ、俺にも僕にもやればできるんだ、という無限の可能性にも気づくことができました。（B子）

　こういう経験の一つひとつを経て、私は徐々に、徐々に教師になっていったのである。

05 収穫には間に合わなくても、種を蒔き続けよう

　新卒5年を終え、2校目に異動した年、1学年を担任しつつ、全学年の国語を担当した。

　複数の国語科教員がいるのだから、通常ならば学年を分けて担当するところだ。しかし、事情が許さなかった。

　初任校を去る日が近づくと、同僚たちが口々に言った。

「20数年間良くなったためしがない学校なんだよ」

「市内で一番貧しい地域で、いろいろとたいへんな家庭が多いんだ」

「とにかく体を壊さないように」

　私は27歳であった。

　3学年のクラスは常に6、7席が空いていた。

　授業終了5分前くらいに2、3名が入室する。

　茶髪や金髪、異装だ。

　正義が通らない。真面目にやる者が虐げられてきたのだろう。出逢った時点ではすでに、存在しなかった。

　音読の声は、もちろん聞こえない。

　その状態から始めた。

　1時間1時間が格闘だった。1時間目の休み時間には既に両肩が上がらなかった。

　全員が音読したのが11月。

　1月には金髪だった男子が暗唱テストに合格した。

　その間私は怒っていない。皮肉も言っていない。

淡々と授業を進め、ノートにたくさん丸をつけ褒めただけだ。

> 「叱られることには慣れるだけ。褒められたことは蓄積される」
> 「長谷川さんの実践は私たち医師から見ても根拠のある確かなものだ。日本の教育現場では異端で、やりづらいこともあるだろうけれど、胸を張って進むといい」

発達障害の専門医である平岩幹男ドクターからいただいた言葉である。

さて、その翌年、9月の出来事である。

その晩は19時に退勤し、よく行くお好み焼きやさんへ寄った。

マスターは都合が付く時サッカー部に顔を出して、指導に手を貸してくれる方。教え子のお父さんである。

過去に船井幸雄氏や、高野山の高僧とも付き合いがあったという。

「四十数年の人生で、極楽も地獄も経験しました」

不思議と話が合う。

20時。仕事がたまっているので帰ろうとすると、勢い良くドアが開いた。

「先生！ マジむかつくし！！！」

当時担当していた2学年一の荒くれ者、Kである。担任2年目の男子だ。

非常に興奮している。背後にはお母さんも。

「どうしたの？」

「Hのうちから電話があって、ケンカしたんだよ！」

Hは、隣のクラスの女子。

少々変わり者で、入学当初はかなり多くの男子から嫌われていた。

関係はだいぶ改善されたが、まだ。

KとHとは小学校から仲が非常に悪く、Kの家には今までに3度、Hの保護者からの苦情の電話があったそうだ。

今日、4度目ということだ。

「どんな電話だったの？」

「今日俺が、Hの横を通る時避けた、っていうんだよ。避けてねえっつうの」

「向こうがそういう風に感じた、ってことだな」

「あいつの母親よお、人の話なんか全然聞かねえんだよ。『うちの子が学校に行かなくなったらどうするの』とかよお。ほんとむかつくから、ケンカし

てやったんだよ。『じゃあそうなったら俺が学校行きませんから行ってください』って言ってやった」

「俺が全部わりいみてえになってんだよ！　あっちだって腹の立つことやってくんのによお！　あいつん家に今からいくぞ！」

　聞けば、相手方からの電話の後、Kの母親が「先生に相談に行く」と決め、Kを連れて飛び出してきたのだという。

　こういう時にまずすべきことはひとつ。

何も言わずうなずきながら、言いたいことすべてを吐き出させること。

　これで子どもは落ち着く。

　Kの肩の上下が収まったところで話をした。

(1)今までの歴史があって、たまっているものがあって、それが今日爆発したのだろう。

(2)子どもは自分に都合の悪いことを親には言わないから、向こうが一方的にこちらを責めるのも無理はない。それが母親だ。

(3)ほんとうに気が合わないのならば、付き合わなければ良いのだ。その子のことを考えるだけでむかつくならば、考えなければいいのだ。

(4)人を恨めばその負のエネルギーは自分に返ってくるから、お互いに距離を置いて、関わらないようにすればいい。

(5)明日、おもしろがって友達に話すのは止めろ、余計面倒なことになるから。

(6)自分にも悪いところがあったと認めるならば、今日のことは腹の中に収めておけ。忘れろ。

　話を進めるうちに表情がだんだん柔らかくなり、笑顔も見え始めたK。

「腹減った！」と言って、お好み焼きを注文した。

「俺、去年よりも落ち着いたっしょ？」

「合唱はほんとやる気が出ねえんだけど、放課後、先生の前で歌ったよ！」

　私と母親を交互に見て、話し続ける。

　彼がここまで話をするようになったのも、今年になってのことだ。

「おかあよお、今日は先生ん家で寝る！　先生、明日学校に送ってよ」

　過去の彼なら、絶対に言わなかったであろう一言だ。

「明日は陸上の大会だろう。朝早いんだから、今日は家で早く休みな」

「大会の前って、俺寝れねえんだもんなあ。だいいち、サッカー部なのになんで陸上の大会なんか出るんだよお」

「O先生に認められたからだろう、走りを」

「1500m、死ぬほど疲れるんだいなあ」

甘えたいのだ。とことん話を聞いてやった。

時計を見ると、21時半。

ここで彼と母親とは帰っていった。

帰り際、母親が「ほんとうにすみません。これからもよろしくお願いいたします」とおっしゃった。

目に涙がうかんでいた。

前の年の1年間で、Kはさまざまな事件を起こした。

私は何度も何度も家庭訪問をした。

親を呼び、相談室でも話した。校長室でも話をした。

どんな時も、私は親を責めることはしなかった。

「一緒に、やっていきましょうね。Kは必ず変わりますから。気づきますから」

そう繰り返した。

親は、分かっている。

その傷口に塩を塗るようなことはしたくない。

するのは、応援なのだ。そして、共に汗をかく行動なのだ。

「今日は○○の授業で反抗的な態度をとらなかったようですよ」

「給食の『いただきます』を小さな声でつぶやきましたよ」

「漢字スキルでまた百点を取りましたよ」

「靴のかかとが直っていましたね」

Kのほんの少しの成長、いや、成長とは言えないほどのほんのちょっとの変化を、私は何十何百と家庭に伝えていった。

Kは中2の秋を過ぎても教師に対する悪態や反抗を続けた。

それでも、私の話は聞くようになった。

私の周りに寄ってきて、ぼそぼそと話をするようにもなった。

日記帳も、毎日出していたのだ。

読めない字で、たった1行。

前の週の1行。

「中学生でいたい」

　提出する時の一言。

「先生、ずっと面倒みてくれいなあ」

　彼がこうなっているのは彼だけの責任ではない。

　家庭だけの責任でもない。

　学校ができることはまだまだ山とある。

　何かあるたびに私はこう念じ、卒業後を見越して関わりを続けた。

　先日、このKから久しぶりの連絡が届いた。

「二人目が産まれました」

「ちゃんと働いています！」

　添付された画像に映る二人の子どもはとても幸せそうだった。

06 智・信・仁・勇・厳を身につけ、研ぎ澄まそう

　数年前のことである。当時私は2学年の担任をしていた。

　9月、体育祭直前。私は学級を子どもたちに任せ、3学年の「学級練習に入らない男子たち」に関わっていた。

　3学年の教師や彼らの級友たちは、来なかった。彼らはすでに放置されていた。

　放課後練習。逃げ回る彼らと追いかけっこをした後、校庭の片隅で語り合った。

「あいつらは、こういう時だけ、俺たちに声をかけてくるんだ」

「体育祭とか文化祭とか、そういう時だけ仲間みたいな顔をしてくる」

「日頃は知らんぷりだよな、赤の他人」

「俺たちほどじゃないけど、あいつらだって毎日いいかげんにやっているしな」

彼らは口々に言った。

「そうだよな。見ていればわかるよ」

　私はいったんすべてを受け止めた。

　ここで怒鳴ったり皮肉を言ったりしても、彼らの言動が変容することはない。

　指導とは生徒に気づかせ、言動を変えさせる営みである。

生徒の言動が変容しなかったり、悪化したりする指導は、指導ではない。
「だから、体育祭には出ない。あんなやつらと一緒にやるのは無駄だ」
　一人の口からこの一言が出た時点で、私は身を乗り出した。
「お前たちの言っていることには、一理ある。3学年の日常生活を見ていると、納得できる部分もある」
「それで、だ。だから体育祭には出ないと言うが、それは違うんじゃないか」
「お前たちのそういう気持ちを、彼らは知っているのか。知らないだろう。伝える努力をしたか。していないだろう」
　彼らの目をじっと見つめて話した。彼らはうなずいた。
「ならば伝えろ。言葉で伝えろ。ただし、お前たちがこうして、練習にも出ず好き勝手をしている状態で言ったとしても、ただのわがままと受け取られるのではないか」
　彼らのうなずきが大きくなった。
「だから、練習には出るんだ。練習に出て、当日も一所懸命に競技して、そして、帰りの会で言え」
「みんなが感動しているその瞬間に、手を挙げて今私に言った言葉を、伝えてみろ」
「それは無理だよ」
「言えないよなあ」
　驚いた顔で、彼らは口々に言い合った。
「いいから、そのとおりにやってみろ。おもしろいじゃないか」
　最後、私は満面の笑みで言った。
　その直後から、彼らは練習に戻った。
　そして、体育祭当日も、一人残らず参加した。
　練習に参加させるまでに一番時間のかかった二人は、体育祭終了後、笑顔で私のもとを訪れた。
「最高だったろ？」
「うん。最高だった」
「出てよかったろ？」
「出てよかった」
　がっちり握手をした。
　別れ際、彼らに問うてみた。

「例のあの話、教室で言えたか」

「先生、さすがに無理だよ。あの場じゃあ、言えないよ、なあ」

　自分が担任や授業担当者であり、日頃から関わっていれば違う対応も考え得るが、私には休み時間と放課後に関わる時間しかなかった。

　それでも、否、だからこそ、毎日声をかけ続けていた。だから、指導が入ったのだ。

□「孫子」に、次のようにある。

「将とは、智・信・仁・勇・厳なり。」

　将とは、統率者のことであるから、ここでは、「教師」とおきかえてみよう。

　教師は、次の五つを必ず持っていなければならない。いや、次の五つがあるからこそ、教師なのである。

　第一は、智恵である。知的な授業ができることである。

　第二は、信である。正直であり嘘をつかない、約束を守り信用できる人である。

　第三は、仁である。思いやり深く、子どもを包み込むようなあたたかさがある。

　第四は、勇である。必要とあらば、ひるまないで、進んでいく勇気である。

　第五は、厳である。時には、けじめをはっきりつけ、叱責する厳しさである。

　この五つが、すべて揃って教師である。

　江戸時代の儒学者、山鹿素行は、このうちの一つを欠いても武士ではないと書き残している。

　この五つがあるなら、それはすぐれた統率者である。すぐれた教師であるといえる。（向山洋一『向山洋一全集』75巻）

　いわゆる修羅場の経験が、私にもけっこうな数ある。

　一触即発の事態では、教師の実力が如実に表れるものだ。

　口が達者な人や、知識を誇る人でも、指導が生徒にまったく入らない。

　そんなケースは山ほどあった。

本物と偽物が怖いくらいはっきりする瞬間だ。

生徒は正直なのだ。

有事に指導が入るか否かは、平時の関わりの質と量に規定されている。

その関わりのベースとなるのが、向山氏の言う「智・信・仁・勇・厳」なのである。

07 いついかなるときも率先垂範を徹底しよう

いわゆる「黄金の三日間」の静けさ、素直さを持ち合わせていない生徒集団を担任することが多い。その三日間、優先順位をきっちりつけて指導を終える。では四日目にどうなるか。

ある年の四日目の話である。

まず、無遅刻無欠席。次に、朝読書の時間中、一言もおしゃべりなしで過ごすことができた。

給食の時間、規定通りの時間に片付けることができた。当然、それを守らせるために、山ほどの手立てを講じた。

たとえば、運搬を一緒に行う。一緒に配膳もする。配膳台の片付けもする。布巾で一緒に拭く。

体育の授業等が長引いて一人も戻ってこない時には、私は一人ですべての給食及び食器類を三階に運び、全員分の配膳を始める。

率先して理想とする行動を示すから、生徒に私の言葉が入る。

私がすべてをやってでも君たちに時間を守らせたいのだ。時間を守ることはすごく大切なのだ。重大な意味があるのだと教える。

規定の時間に片付けないと、配膳員さんはパートで来ているのだから、例えばそのあと幼稚園に迎えに行く人もいるし、親の介護がある人だっている。こちらの片付けが遅れ、結果として仕事が10分でも延長したら困るのだ。子どもが独りぼっちで待たなければならないのだ。だから私たちは時間を守るのだ。そう言って、教師が行動で示せば生徒もそうなるのである。実際、三日で整った。

一方で、何もやろうとしない生徒も残る。エプロンを持ってこないと配膳室に入れないという決まりがあるとすると、わざと持ってこない。

そういう生徒にどう対応するか。

貸出用エプロンが各学級に二つずつある。しかし、それでは足りない。よって、余分に用意しておいて事前に渡す。当然私も着る。マスクにしても1枚の値段はたかが知れている。だから箱で買っておく。

　もらった生徒は「ありがとうございます」と言う。そうやって条件を整えておいて、一緒に取りに行って、配膳もさせる。片付けもさせる。

　前年度の悲惨な状態を知る管理職が生徒の姿を見て「奇跡」と言った。「彼らの指導のために廊下で待機してもらう方は一人も必要ないですよ」と返した。これが四日目であった。

08 生徒の心を開いてから、大切なことを伝えよう

　いつもブスーッとした表情で、教師の指示に従わない女子生徒がいた。私の学級に入り、ふた月ほどでガラッと変わった。それまでは態度の悪さが並みではなかった。

　その女子にどう対応したか。無論、対応にベストはない。しかし、ベターはある。何がベターかと言えば、生徒が変わる言葉がベターなのだ。ほんのわずかでもねらった方向に変わればよい。

「それだけ遠慮せずに自分の感情を露わにできるあなたは、ある意味すごい！」

　相手は口を開けてポカンとする。「この教師、何言ってるの？」と。

　意識に一瞬の空白が生まれたところで、こちらはもう一言突っ込む。

「ブスッとした顔はブスなんだよな！　生まれつきどんな顔の人間も、笑顔は等しく素敵なんだ！　やっぱり笑顔がいいよな」

　笑顔で言ってその場を去る。

　生徒に勝とうとしているわけではない。ただただ伝える。簡潔に、明朗快活に。

　私は生徒から「先生、なんで毎日笑顔なんですか」と問われる。どの学校でもそうだ。

「だって、俺がつらい顔していたらお前たち楽しいか？」と返せば、「そうですよね」と納得する。事ほどさように単純なのだ。

　4月の給食後、教室にゴミが散乱している。ドレッシングの切れ端やストローの袋などが毎日落ちている。しかし、誰も拾わない。毎日私が一人で拾う。

「拾え」とか、「落とすな」とか、生徒はこれまでに散々言われてきた。それでも変わらずに、知らん顔をしている。説教は通じないのだ。

　私は帰りの会でこう語った。

「毎日毎日ゴミが落ちている。それらを毎日毎日、俺が拾っている。未熟な俺に、こんなにも徳を積ませてくれて、みんな、ありがとうな！」

　自分が落としたわけでもないのに、ゴミを拾って徳を積んでいるわけだ。感謝しなくてはいけない。

「俺ばっかり運がよくなっちゃって、ごめんね！」と笑って言った。

　生徒は皆あっけにとられた顔をする。

　一瞬後に、気持ちのよい笑いが起きる。

　大事なことであればあるほど、私は相手の心を開いてから伝えたい。開く方法の第一が想定外からの切り込み、いわゆる「肯定的フィードバック」である。

　国語の授業で毎時間辞書引きを行う。漢字指導のあと、新出漢字から５問出して引かせる。私が問題を出し、引けたらハイハイと立つ形である。10番目に立った生徒に意味を読ませる。

　荒れている集団では、多くの生徒が辞書を持ってこない。教材教具を持ってくる習慣がない。辞書を持ってくるまでに１か月以上かかる。毎時間言って１か月以上である。

　さて、10人以上が辞書を忘れていたらどう対応するか。私も５冊は持ち込むけれども、それ以上は重くて持てない。各教室にも辞書はない。どうするか。そこで怒ったら終わりだ。普通の教師（大人）の言うことを、彼らは聞かない。怒っても何も変わらない。それどころか却って悪くなる。

「しょうがない、忘れた人はエアー辞書引き！」

　しかも、「引けたら立ってよし。」

　そう言ったら立つ生徒がいる。悪びれもせずハイハイと。

　こちらも負けてはいられない。わざと10番目に持ってきていない生徒を指し、「はい、意味言って」と言うのだ。皆大笑いする。

　そんなこんなでひと月余り経ったら全員が辞書を持ってきていた。自分の学年も上の学年も、である。

　笑いがあった方がよい。正しい話をするときも、笑いがなかったら生徒の心に入らない。私はそう考えて実践し、結果も出ている。真面目な話もする

けれど、楽しく話す。楽しい話で相手の心を和らげてから、「では今から大切な話をするから、よく聞きなさい」と言えば、入る。

　一般に、多くの教師が最初から説教に入りがちだ。それでは効果が薄いのだ。説教など、誰だって聞きたくないのだ。

09 自己決定権を尊重しつつ、主導権は堅持しよう

　小学校時代から当番の仕事を全くやってこなかった生徒もたくさんいる。給食当番や掃除当番など、時間になるとどこかに行ってしまう。体育館や校庭で遊んでしまうのだ。そのうち帰ってきて、「いただきます」も言わずに自分の分を食べ始める。あるいは掃除をせずに勝手に帰ってしまう。そんな中学生が、荒れた学校には複数存在する。

　当番をさぼる生徒に私はこう言う。

「返却はあなたがしなさい。持ってきていないのだから」

　ここまでは普通だ。これに次の言葉をつけるとよい。

「俺もやる。」

　それで、二人でやる。逃げられない。その姿を見た悪友も手伝い始める。「俺と一緒にやろうぜ！」ではよくない。阿っている感じがするのである。まずは「あなたがしなさい」の方がよい。そう言いながらも、お前を一人にしないということが伝わるほうがいい。私の経験則だ。

　崩壊した競技部を担当したことも何度もある。例えば男子ソフトテニス部だ。30人くらいの規模だった。前年度は顧問がほとんど部活に出ず、練習試合は1年間で1回だけという状況だった。

　荒れた状況だと、練習をするか否かの判断は生徒がする。雨が降ったら帰る。疲れたら帰る。嫌なことがあったら帰る。勝手気儘だ。

　そのような状態で4月が始まる。春休み中の職員会議の最中に、テニスコートから部長の声が聞こえる。「集合！　集合!!」20回くらい言っている。周りが言うことを聞かないのだ。職員会議の終了を待ちに待って、終わった瞬間に放送を入れた。

「たったいま終えた会議で、新たに男子ソフトテニス部の顧問となった長谷川です。今からテニスコートに向かいます。部長の指示に従わない者に告ぐ。退部届を書くか、部長の指示に従うか、どちらかを決めて待っていなさい」

実際にコートに行って、「退部か指示に従うか、どちらだ」と訊く。

これが「自己決定権を尊重する」の一例だ。選択肢を出して決めさせるのだ。もちろん、感情的に「退部します」などとは言わせない。落ち着いて対応し、「部長の指示に従います」と言わせる。

生徒の意思は尊重する。しかし、主導権は渡していない。ここがポイントだ。こちらで選択肢を示し、相手に選ばせる。選んだからこそ「自分でやると約束したよね」と指導できる。「自己決定権は尊重するが、主導権は渡さない」これもまた指導の原則である。

それをせずに説教だけで生徒を変えようとするから、指導が入らないのである。私は朝練をさぼっては話をし、練習をさぼっては話をし、と何十回と関わった。相手が変容するまで、教え続けた。こういうところで「根気と忍耐」が必要なのは、言うまでもない。

以上のようにひたすら教え続けていると、間違いなく生徒は変わっていく。

学年で最も手のかかるA男が私と給食を片付けていたときのことだ。ナンバー2のB男が初めて「手伝います」と言った。その瞬間、周りは固まった。皆、唖然とした。そして、一同なんとも嬉しそうな顔をした。B男を称賛する言葉が飛び交った。

掃除を全くしなかった男子たちが、掃除開始1分前に掃除を始めた。それを見た女子が「先生！　これは奇跡です！」と言う。私はその子に対してなんと言ったか。

「そうか！　分かったぞ！　C男とD男とF男は、俺たちの今この瞬間のこの感動のために、小学校1年の時からずっと悪役を演じ続けてくれたんだな！　帰ったら感謝しよう！」

女子は、涙をぽろぽろ流しながら大笑いした。

帰りの会で「お前らに感謝する、ありがとう！」と告げ、一同笑顔で終える。そんな日が幾日も幾日も生まれたものだった。

生徒を直接変えようとして道徳的なアプローチをし、失敗する。それではもったいない。効果のある指導法を学び、実践し、自分自身のものとするのだ。教師が変わって初めて、生徒も変わるのである。

❶物静かな女子Ａ子さんが共鳴した、長谷川氏の言動

森田健雄

①	率先垂範
②	言うべきことをきちんと言う

1　長谷川氏の実践分析

　荒れている学級や学校では、物静かな生徒はなるべく目立たないように行動するようになってしまう。そうしないと、攻撃の的になってしまうこともあるからだ。

　長谷川氏が以前担任した学級の生徒も年度当初はそうだった。しかし、1年間で大きく変化した。その要因は、長谷川氏の行動にある。例えば以下のようなことだ。

> ①率先垂範で行動の大切さを教える
> ②大事なことを語りで伝える
> ③最初から言うべきことを言う

①率先垂範

　例えば、荒れた環境では、教室にゴミが落ちていても誰も拾おうとしない。わざと落としている生徒もいるが、注意する生徒もいない。そんな状況で教師はどうするか。怒るか注意するかのどちらかだろう。しかし、長谷川氏は違った。笑顔で、ゴミを拾い続けたのだ。そうやって、正しい行動を自身が率先垂範で示すのが長谷川実践の核の一つだ。

　本稿では、長谷川氏の行動に心を動かされ、行動が変容していった生徒の一人かおりさんについて書いていく。

　あなたの学級にもこういう生徒、いないだろうか。

長谷川氏と出会う前のかおりさんはどんな生徒だったのだろうか。かおりさんの日記を引用する。

> 学校に行きたくないな、と思っていた日々（年）もあったんです。でも今は、行きたい！って強く思えます。テストとかは好きじゃないですけど。先生が、「劣等感を持たないでください」と言っていたことを思い出します。かつての私は、劣等感をバリバリもっていたな。（第15号）

かおりさんは、学校に行きたくないと思っていたことがあったようだ。また、劣等感を持っていたので、やってみたいと思うことがあっても、自分の思いを行動で示すことができなかったことが分かる。

どちらかと言えば、引っ込み思案で荒れた学級で我慢をし続けるタイプなのだろう。

しかし、長谷川氏との出会いで何かが変わった。日記から見てみよう。この日記が通信に掲載されたのが、4月16日。始業式からたったの数日で、かおりさんの考え方が変わったのだ。もちろん変わったのは考え方だけではなかった。

> 昼休み、落ちているゴミを拾い汁物を拭いていると、かおりさんがさっとゴミ拾いを手伝ってくれた。ありがたいと思った。（第6号）

給食の後、ゴミだらけになっている教室。生徒たちにとっては普通の光景だった。そこでゴミ拾いをしている長谷川氏を見て、最初に手伝ったのがかおりさんだったのだ。

かおりさんは、長谷川氏の行動を見て、自分の行動を変えたのだ。物静かな生徒にとって、自分の行動を変えるというのはすごく勇気のいることだろう。教師と同じ行動をしているということはもちろん、教師に賛成しているのと同じことだ。そんなことをすれば、他の生徒から何を言われるか分からない。それでも、かおりさんは自分の行動を変えた。かおりさんを動かした決意とは——。彼女は次のように書いている。

■少しずつ、少しずつですが、変わっていきたいです。ゴミ拾い、床拭き、皆が嫌がる所をキレイにする。トイレの流し忘れを見て見ぬフリをしない、

細かい所も見落とさず。私ができること。今の私が、人の役に立てること。たくさん、たくさん見つけて、やっていきたいです。クラスのために。皆のために。十年後くらいの、私のためにも。（第49号）

　もちろん「ゴミを拾いなさい」と指示されたのではなく、長谷川氏が行動で示したことが彼女にスイッチを入れたのだ。

　かおりさんの変容を読むと、教師が大事にしなくてはいけないことが何かが見えてくる。

　指示をするだけではなく行動で示し、共に動いてくれた生徒と周りを巻き込んでいく。

　最初はたった一人しか理解してくれる生徒がいなくても、教師が続けていくことで周りを巻き込めるようになっていく。そうなる時まで行動を続けていく辛抱が大事なのだ。かおりさんは実際に少しずつだが、一緒に動いてくれる女子を増やしていった。

②**語り**

　時間を守ることの大切さを教えたいと思った時、あなたはまず「時間を守りなさい」とその大切さを諭すだろう。しかし、それは生徒から見れば説教でしかない。（いままでも散々聞かされてきた……）。

　そうではなく、「時間を守ったことで成功した人のエピソード」などを話すことだ。

　昨日話した話のうち、「ガリベンの話」とは、「なぜ勉強を一所懸命やったり、真面目に精一杯生活したりしている人は、馬鹿にされたり足を引っ張られたりするのか」の話でした。
　「不細工の話」とは、「どんな人でも笑顔は素敵」という内容。
　「出し切る」の話では、筋骨たくましい農民と痩せて小柄な農民を例にして、「出し切った先に何があるか、手を抜いた生き方の先に何があるか」を考えました。（第11号）

　これを読んだ私自身がその話の中身を詳しく知りたくなる話である。実は

長谷川氏の語りを知り、私も説教ではなく語りを行ってきた。実際に行ってみて、語りで「大切なことを穏やかに伝えられる」ということを、腹の底から実感できたのだ。

　説教は、どうしても「怒りの感情」で話をしてしまう。当然、生徒には話よりも怒りの感情ばかりが伝わってしまう。説教で生徒の行動が一時的に変化することはあるかもしれない。しかし、それは、「教師に怒られたくない」という行動の表れなのである。当然、長くは続かない。

　語りは生徒が自分で考えて行動できるようになるので、変容するまでに時間は要するが行動の変容が持続するのだ。

③言うべきことを言う

　長谷川氏は、4月の早めの段階で、生徒に対して厳しい指摘も行っている。

　多くの教師は、生徒との人間関係ができてから、厳しい事を言おうとする。しかし、これでは上手くいかなくなるのだ。長谷川氏は関係を作りつつ生徒に必要だと考えることは、たとえ厳しい事でもきちんと伝えている。例えば以下のようにである。

　大事なことを書いておきます。

　この学年はいろいろと課題が多かったし、現在も多いと言われています。それは私より、皆さんの方がよく知っていることでしょう。自分達のことですから。共に 11 日間を過ごした私の実感は、評判と少し違います。

　まず、ルール破りをしたり集団生活を乱したりする人は確かに複数存在する。次に、しかし、集団の質の低さはその人達だけの責任ではない。そして、目立った違反をする人の陰に隠れて、責任を果たさなかったり、小さくルールを破ったり、人の不幸の上に自分の幸せを築いたりする人達が少なくない。（第 21 号）

　荒れている学級だと、教師の目は荒れている生徒にばかり向けられてしまうことが多い。時間が経つにつれ、荒れていなかった生徒の心も荒んでいく。

　厳しいことを言う時に大事なことは怒りに任せて話をしないということだ。学級通信に載っている長谷川氏の話は、生徒と 11 日間過ごしてきて感

じた事実が書かれている。ここには、生徒たちも気づいていたはずだが、荒れた生徒に振り回されているうちに誰も指摘しなかった問題について淡々と書いている。これを読んでかおりさんも自身を振り返ったはずだ。それがゴミ拾いなどの行動にもつながっていると考えられる。

2 かおりさんの変容

日記からかおりさんが行ってきたことを時系列で紹介しよう。

---

①自分を変える
②人のためにできることを考え、実行する
③教師がいなくても動ける集団になるために動き続ける

長谷川氏と出会って1カ月、かおりさんが変わりたくても変われない自分との葛藤について日記に綴っている。

■班長でありながら「安全地帯」に逃げているのだ。皆を注意しなければ、言わなければ。「口動」ではなく「行動」しなければ。(第90号)

長谷川氏は常々、「他人は変えられない。変えられるのは自分だけ」と言っている。この学級に対しても何度も言っているはずだ。かおりさんもその言葉に共感し、まずは自分が変わろうとするが、中々変われない、そんな自分と葛藤していることがよく分かる。

かおりさんは「班長」に立候補し、自分が率先して動く立場に身を置いている。

また、この頃からかおりさんが、自分の変容だけではなく、学級を変えるために何ができるかということを考えているのも分かる。かおりさんの日記には長谷川氏が語ったキーワードがいくつも出てきている。

■もっともっときちんと「リーダー」というものを理解する必要が、私にはあります。私は未熟。だから、完熟するように走り続けていく。そうしていくうち、「長谷川先生」という大きなカベを越えたい。「気愛」に、「私と共に走る人はまだいない」と書かれていたから。まだまだだが、追いかけて、信じ、追いついて、追いついたなら、抜きたいのだ。(第95号)

かおりさんの中で、長谷川氏は大きな壁、乗り越えていきたい壁になっているのだ。これはかおりさんが、「言われたことだけではなく、自分たちで

考えてより良い学校生活を送りたい」そんな気持ちを持ち始めたからだろう。

　様々なことを考えていくうちに、かおりさんは自己否定をして、自分を変えていこうとしている。彼女の日記から引用する。

■「日記」はクラスで起きた出来事を書く。そして、真剣に本気で、本音を、だ。私は今、どうだろう。書いて、反省し……その後は？　自分で自分を下げてしまっている。反省を反省で終わらせてしまっている。

　戻らない、そう決めたのだから、下げてはいけない。反省から、大切にしていく。自分を成長させる。「自分を変えられるのは自分しかいない」から。

（第108号）

　かおりさんが変わったのは、周りも変わってきたことを実感できたからだろう。それは、長谷川氏が、かおりさんのように行動している生徒だけではなく、中々素直になれない生徒や行動できない生徒も巻き込んで学級経営を行ってきたからだ。

　そんなかおりさんの学級解散直前の日記が以下だ。

■2Aは本当に良い1年を過ごせたクラスです。それが明日には、4月に戻ってしまう。切ないけれど、これが学校です。これが3月です。これが1年であり、終わりです。ありがとうございました。（中略）

　自分を信じ、自信を持ち、本と出会い、人と別れ、「今」を生きていきます。誰に見られても恥ずかしくない「己」でいる人生を歩みます。

　先生、2Aというクラス、O中で出会うこと。今が一番、私、幸せです。もう過去になど生きません。昨日の自分に笑われない、最高で最幸の自分を生きていきます。（第352号）

　かおりさんのように、以前は周りとあまり上手くいっていなかった生徒が周りを引っ張るような動きをするようになる。1年間だけで生徒は変容することができるのだ。ひとりの教師として決意を新たにした。

　教師にできることがまだまだあると感じた。

（『長谷川博之の学級通信365日全記録 上巻・下巻』より引用）

長谷川コメント

***

　周囲が目を疑うような成長を実現する。そんな生徒が毎年現れる。数週間で変容する生徒もいれば、1年の最後にぐんと向上する生徒もいる。きっかけは十人十色だ。ホットボタンを探す営みが重要なのである。

❷リーダーはもうしないと言ったB男 が再び人前に立ったきっかけ

上野一幸

> **1**　「利他の行動」の大切さを実感させる
> **2**　授業を通して、挑戦する心を育てる
> **3**　集団の教育力を利用する

　ある年の４月、「黄金の三日間」の二日目。その２時間目、長谷川氏は、立候補で専門委員会を決めようとした。しかし、男子の学級委員だけが決まらなかった。３時間目も決まらず、４時間目に男子だけを集め、一人ひとり意向を聞いた。それでも立候補が出なかったため、くじ引きで決めることとなった。その翌日の学級通信である。

> 　懸案の男子学級委員は、３コマ計50分ほどの時間を使い立候補を募りましたが誰も出ず、最後は「神の采配」で決定しました。
> 　15年間、役職決めは「立候補じゃんけん制」でやってきましたが、絶対に決めなくてはならないという学校のルールのもと、思いを貫くことができず、少しだけ残念でした。しかし、です。この現実から始めるしかありませんね！（第４号）

　長谷川氏が一人ひとりに意向を聞いた際に、「もうリーダーは絶対にやりません」と言ったのが、B男である。さらに、良いことはひとつもなく、「嫌なことなら山ほどありました」とも言ったという。
　この年の長谷川学級は、異例の事態からの出発となった。
　半年後の９月末、後期の学級委員を決める時期がやってきた。
　長谷川氏は、再び立候補を募った。女子はすぐに決定した。
　しかし、男子の手は挙がらない。４月と同様である。
　学級通信には、そのときの様子が以下のように綴られている。

> 　立候補が出なければ、あの日と同じく、くじ引きで学級のリーダーを決めることになる。
> 　半年間、様々な場面で、様々なことを教え続け、語りを重ね、共に行動してきて、それでもまだ男子の変容はわずかだ。
> 　自分以外の者のために知恵と勇気を絞ろうという人間が育ってこない。
> 　学年の問題の根本的な原因のひとつはこれであり、これを解消しないかぎり学年集団も学級集団も次のステージには進めない。（第132号）

　上記の内容に加えて、「この状態で合唱をやったとしても意味がない」、「誰にとっても安心で安全な学級を創り出すことはできない」といった語りも全体の前でしたと推察する。そして、どうなったのか。

> 　これが最後だと立候補を募った時、一本の手が挙がるのが目に飛び込んできた。B男だった。
> 　4月のあの日、「もうリーダーは絶対にやりません」と言ったB男が、半年後の今、挙手をした。（第133号）

　どんな長谷川氏の働きかけが、B男の心を動かしたのか。以下の3点が大きな要因であったと考えられるのではないか。

1 「利他の行動」の大切さを実感させる

　長谷川氏は、機会を捉えて「利他の行動」の大切さを伝えている。
　清掃の際は、担当場所に行く前に、机に椅子を上げ、前方に寄せていくことや自分の担当場所が終わったら、一番大変な教室掃除を手伝うよう話している。
　給食の場面では、4時間目の授業終了後、給食当番はできるだけ早く準備を始めることや、給食当番の分の給食は、同じ班の人が配膳してあげると良いことを教えている。
　それを受けて、B男も少しずつ行動を始めているのが日記の文章から伺える。給食当番だった時には、次のような行動が生まれている。

> 　今日は給食が早く食べられました。ぼくは給食当番で4校時目がおわっ

たあとすぐに着がえました。階段を降りている途中にＹ先生に会いました。そのとき「Ａ組ははやいですね」といわれました。すごくうれしかったです。（第54号）

掃除についても、次のような日記を書くようになっている。

　帰りの会でそうじについて話がありました。晃太朗さんと鈴音さんが、そうじが終わってすぐに教室に来て手伝っていたということを聞いて、自分の班の分だけでなく、ほかの班のところまで手伝っている晃太朗さんと鈴音さんはすごいと思いました。今は教室なので、来週教室の運びを手伝いたいです。（第67号）

　長谷川氏が、自分のためだけでなく、周りの人のために動くことの大切さを伝え続けていたことが、Ｂ男の心に響き、このような行動へとつながっていったのだと考える。これを教師が褒めて強化しているのだ。

２ 授業を通して、挑戦する心を育てる

　長谷川氏は、４月当初から**「心の冒険」**という言葉を使い、失敗を恐れずに挑戦することの大切さを伝えている。

　具体的には、有名詩文の暗唱テストに挑戦することであり、「指名なし発表」で自ら立って発表することであり、友人の意見に質問・反論することである。

　長谷川氏は、これらの活動に挑戦させることを通して、強い心を育んでいるのだと思われる。

　Ｂ男も自分の成長を実感し、次のように綴っている。

　ぼくは国語の時間にうれしいことがありました。一つ目は、暗唱詩文集です。「早口言葉」は、けっこう苦手なので合格できるか、わからなかったけどチャレンジしてみると、「合格」といわれて聞きかえしてしまいました。うれしかったです。二つ目は、発表です。ふだんあまり自分から国語の時間発表しないけど、理由はごちゃごちゃになってしまったんですが、発表できたことは自分でもいいことだと思いました。また、発表したいです。（第42号）

この約1カ月後、大きなドラマが生まれる。

B男が、男子で初めて指名なし発表を行ったのである。

その時のことを、長谷川氏は次のように通信に載せた。

4月8日の出逢いから51日目。昨日、腹の底から感動するドラマが生まれた。それは、私の仲間達の学級では、4月当初から当たり前にできていることだ。

だが、私の目の前では実現しなかった。1週間経っても、2週間経っても、ひと月が経ちふた月が経過しても、実現しなかった。それとは何か。

男子の「指名なし発表」である。

（中略）具体的な工夫を51日間続けた。

結果、昨日、指名されずに、次々と、男子が自ら立って発表していったのだ。その姿を見ながら、私は心の底から喜びを感じていた。（第79号）

B男をはじめとする男子の「指名なし発表」については、男女を問わず、その感動を日記に綴っている。

ある女子は、『この「最悪」の学年が成長して、「最高」の授業を創った』と綴った。

ある男子は、「またとても成長した授業だと思いました。いつも立たない男子がたくさん立ちました。こういう授業をたくさんしたいです。」（第80号）と綴った。

それだけ、クラス全体に与えたインパクトは大きかったのだ。

そして、「指名なし発表」の口火を切ったB男自身は、日記に次のように綴っている。

もし、男子が発表していなければ、なにも変わらず進歩せずにゼロだったのだろう。自分は発表できたのでうれしかった。けれど、発表していない人もいたので、みんなが発表できるようにしたいです。（第80号）

この文章から、自分が発表できたことを喜ぶとともに、周りの様子にも目を向けていることがわかる。そして、集団としての課題にも気付けるように

なってきていることが伺える。

　過去の負の経験から、Ｂ男が一歩踏み出すことができたのは、授業を通して長谷川氏が挑戦する心を育んできたからだと考える。

　そして、一歩を踏み出したことにより、視野が開け、周りの状況を客観的に見ることができるようになったのだろう。

　男子の「指名なし発表」が実現した後、長谷川氏はリーダーのあるべき姿について、通信で話題にしている。

> 　リーダーは時に孤独を味わう。周りとのあまりの意識の差に、愕然（がくぜん）とすることもある。正しいことをやっていても、いろいろと言われてつらい思いをすることもある。
>
> 　それがリーダーだ。リーダーはそうやって、汗と涙を流しながら、他の誰もが持たない思想と力とを身につけていく。（第89号）

　氏の姿を見て、言葉を聞いて、教室で時間を共に過ごすことで、女子を中心に、少しずつ行動の変容が見られるようになっていく。

　昼休みに落ちているゴミを拾う。清掃の際、自分の担当箇所が終わったら、教室を手伝う。授業中に自分から進んで発表する。ダメなことをしている級友を注意する。

　昨年までは、このような行動をすると、周りから足を引っ張られていたのではないか。しかし、今年は違う。長谷川氏の精神的、物理的な支えを受けて、級友たちが向上的に変容している。

　その姿を見て、Ｂ男の中に「今までリーダーをして、嫌な思いをしてきたけれど、今年は大丈夫かもしれない」「自分も、彼女たちのように成長したい」という思いが芽生えていったのではないかと考える。

　実際、日記の文章から、Ｂ男の意識の変化が読み取れる。

　５月末、林間学校の事前指導の際にふざけている人が多く、フォークダンスの練習が崩壊した。その日の帰りの学活で、そのことについての話し合いがもたれた。発言を求められ、女子が次々と発言した。「指導に従わないことが問題」「自分勝手に行動し、時間が過ぎてしまった」「なんどもやり直し

をさせられている」と率直に問題点を挙げていた。

　その日の日記に、B男は次のように綴った。

　帰りの会、ぼくは口に出すことができませんでした。（中略）

　少しでも、声がけをしたいと思いました。（第53号）

　4月当初は「リーダーはやらない」と言っていたのに、「声がけをしたい」と少し意識が変わっているのが分かる。

　さらに、7月の日記には次の文章がある。

（総合学習の授業中に）違うことをしている人に注意している人がいたと聞いて、すごいと思いました。自分はあまりそういうことに勇気が出せません。でも、ぼくもそういう人につづいて注意していきたいと思いました。（第90号）

「声がけ」ではなく、「注意」と書いたのだ。さらに一歩前進し、リーダーとしての行動を起こそうとしているのが伺える。

　利他の精神で、行動し続ける長谷川氏と、氏と共に行動する級友の姿が、B男の心を動かしたのだと考える。

　後期の学級委員となった後、B男は、「指名なし発表」で率先して立ったり、合唱コンクールの練習で大きな声で歌ったりと、リーダーとして活躍していく。三送会後には、女子生徒の日記に「学級委員としてクラスをひっぱっていってくれてありがとう。」と綴られていた。周りから信頼を得るリーダーに育ったことがわかる。

（『長谷川博之の学級通信365日全記録 上巻』より引用）

＊＊＊

　　教育は魔法ではない。テレビドラマのようにはいかない。誰も発表しない状態から最初のひとりが立つ瞬間までの間に限定しても、教師は考え得る限りの策を講じるのである。そんな日々のなかで、いつしか生徒は言う。「この学級で起きているのは、テレビドラマを超えるドラマです」と。

長谷川コメント

1章　1年間で劇変！「自分から変わろう」とした生徒の事実　　41

❸クラス1のやんちゃ男子C君が変わった出会いから別れまでの道筋

岡　拓真

1	授業で自己肯定感を高める
2	日記指導と学級通信で、本気、本音で感情交流をさせる
3	行事を通して、本物の成功体験を与える

1　マイナスからのスタート

　ある年の始業式後の学活である。長谷川氏が教室に入った時点で席についていた生徒は僅か数名。抜け出し防止のために、廊下には複数の教員が待機。全員が着席した後、教師の話を聞く姿勢になるまでにかかった時間が20分。長谷川氏が話し始めると、机に突っ伏す男子が数名。

　小学校1年生から、何度も学級崩壊を経験し、大人を全く信用していない集団が、1年間で驚くべき変容を遂げる。学級で最もやんちゃだったC君も、奇跡のような変化を見せる。

　長谷川氏は、担任になると毎年、学級開きにおいて日記用のノートを配布し、その日のことを記入させる。C君は、始めは筆記用具も出そうとしなかった。様々対応し、ようやく記入した日記には、「つかれた」と一言だけが殴り書きで書かれていた。

　しかし、3月。「3年生を送る会」の演劇後の日記で、C君は次の文章を綴った。

　今まで日記を出さなくてすいませんでした。今回の三送会は大きな声でみんな全員本気でやれてよかったです。今日は全員で一つになって成功した時の喜びを感じることができました。4月から自分たちのことを考えて自分達をいい意味で変えてくれた先生や、クラスのみんななど周りで支えてくれた人達、ありがとうございました。（第333号）

　日記は、濃くはっきりと、整った字で書かれていた。最初の「つかれた」と同じ人物が書いたとは思えないほどの変わり様であった。

この日記に対して、長谷川氏は次のようにコメントした。

「私があなたを変えたのではない。あなたは自分自身で、変わったんだよ。あなたが本来持っている素晴らしさが、表に出てきたんだよ！」（第333号）

C君は学年の荒れの中心にいた、やんちゃな生徒であった。やんちゃな生徒に共通するのは、自己肯定感が著しく低いということである。自己肯定感が低いゆえに、自信が持てずになげやりになる。学級開きで長谷川氏の話を聞かず、突っ伏した生徒のひとりがC君であった。

学級通信に以下の記録がある。

> 4月8日の出会いから51日目。
> 昨日、腹の底から感動するドラマが生まれた。
> それは、私の仲間達の学級では、4月当初から当たり前にできていることだ。
> だが、私の目の前では実現しなかった。1週間経っても、2週間経っても、ひと月が経ちふた月が経過しても実現しなかった。
> それとは何か。
>
> ### 男子の「指名なし発表」である。
>
> （中略）策を考え、ひとつ試し、ふたつ試し、国語で語り、道徳で語り、行事後の反省会で語り、通信に書き、日記のコメントに書き……。
> 具体的な工夫を、51日間続けた。（第79号）

4月から長谷川氏が行ってきた指導を分析してみる。

「指名なし発表」とは、教師が指名せずとも、生徒が自らの意志で立ち、意見を発表することである。普通の学級ならば、お調子者のやんちゃな男子が、勢いで発言することがある。しかし、長谷川氏の学級の男子は、一向に発言しようとしない。長谷川氏が指名すれば発言することはできる。ところが、この時点では、指名なしで、自分の意志で発言できる男子は一人もいなかったのである。

もちろん、この時点ではC君の発言はない。発言する自分を周囲に晒したくないというプライドや、過去に、自分が他の人の発言を馬鹿にしたり揶揄

したりした経験があるからだろうと思える。

　長谷川氏は、日々の関わりの中で、授業を最も大切にする。

> 　授業で大切なのは、正解することより、変容すること、成長することです。（文責：岡）

授業こそが自己肯定感を高める手段だと確信しているからである。

3 学級通信の紙面上で交わされる、日記による本気本音の感情交流

　長谷川氏は、2学期の第1週で次のように学級通信に記す。

> 　4月、私は現実と格闘することを決め、行動を始めた。
> 　8月末、今もまだ、共に走る者は無い。＜中略＞
> 　日記を提出しない者が6名（うち全く出さない者は2名）いたこと。
> 　これも「素材」に過ぎない。要は「自分病」なのだ。
> 　自分の感情が常に最優先。自分以外に大事にすべきものを持たない。
> 　学級にいることのメリットを受け取るだけで、学級に対して役に立とうとする気持ちが全く無い。面倒なことはやらない。自分の利益にならないことはやらない。人が傷つこうが落胆しようが、そんなことは関係ない。
> 　その卑怯で自己中心の生き方が問題だと、私は言っているのだ。
>
> （第106号）

　かなり厳しい言葉である。通常なら、このような文章を載せることで、多方面から反発があるだろう。

　長谷川氏の問題提起に対し、心ある生徒はこう綴る。

■＜中略＞でも今、僕は「このようなクラスにしたい」や「努力をしたい」と言っているだけで、まだ行動に移せていません。だから、少しずつでも行動に移したいです。まずは先生に同じことを言われずに自分達で考え、行動できるクラスにできるように協力していきたいです。（晃太朗）（第107号）

■＜中略＞反省を反省で終わらせない。絶対に。努力し、協力し、団結できる集団がいい。そして、常にどんなときも笑顔でいたい。だから、「今」の「私」を変えていく。絶対にだ。（かおり）（第108号）

　この時点でC君の日記はまだ見られないが、日記から読み取れる周囲の友達の変容が、C君の変容を促していることは間違いない。

10月。合唱祭2週間前の男子の様子である。

> 男子の声は、最初、ゼロでした。
>
> 合唱祭2週間前の今、つぶやくような声が聞こえています。
>
> それは、4名の男子が声を出しているからです。まだ歌っていると言える状態ではありませんが、声を出し始めたのです。
>
> 2A男子は12名です。8名は、歌を歌っていません。
>
> 反抗して歌わない、という様子ではありません。
>
> 歌いたくないから歌わないのです。（第142号）

C君を含め、この時点でも男子は歌っていない。さらに、歌い始めた男子を馬鹿にする行動も取っていたという。

長谷川氏は、直接「歌いなさい」とは言わない。どうすればその子が歌いたいという気持ちになるか。そのために工夫し、手を打っていく。

> 伴奏に比べれば、歌なんて楽なものです。1週間練習すれば誰でも歌えます。
>
> ひと月練習すれば伴奏がなくても歌えます。
>
> それなのに、10月になっても歌唱本を持って歌っている。有志がCDを焼いて配ったから聴く気になればいつでも聴けるのに、「覚えていない」などと平気で言う。
>
> これは、何事でしょうか。なぜ級友のがんばりに応えずにいられる？
>
> 「あなたががんばっているから、私もがんばるよ。俺もがんばるよ」
>
> 「伴奏を間違っても大丈夫だよ。そのまま歌い続けるから、入れるところで入ってきなよ」
>
> これが人間と人間との関係ではないでしょうか。
>
> 努力してもできないところは支え合う。それが学級なのではないでしょうか。（第164号）

学級通信を通して、長谷川氏の本気の思いは、生徒だけでなく保護者にも伝わっていく。

だが、合唱祭前日に事件が起こる。男子が、伴奏者の一人に、「へたくそ

が意見するな」と罵声を浴びせたのだ。

これに対して、長谷川氏は次のように指導した。

　１時間目、涙を流す彼女と対話しました。＜中略＞
　４時間目、２Ａ学活。本日の特別日課について文化祭実行委員の茜さんに連絡をしてもらった後、学級委員を前に出し、時間を設けますから話すべきを話しなさいと指示しました。（第164号）

長谷川氏は、起きたことについて全体に投げ掛け、意見を求めた。

罵声を浴びせかけた本人に対して厳しい指導があったかどうかは分からない。だが、指導の中心は学級での話し合いだろう。

合唱祭本番当日、男子は歌っていた。その声はステージより前方に届くことはなかったが、女子は男子が歌っていることに涙を流していた。なんとC君も歌っていたのである。文化祭後のある男子の日記である。

　文化祭があった。自分達は女子や先生ががんばってくれたのに、練習の時からずっと歌っていなかった。本番も、声を出したいという気持ちはあるけれど、自分を守って、大きい声を出せずに、終わってしまった。
　１年前とは変わったのに、変わったはずなのに、合唱にそれを表せられなくて、悔いの残る文化祭でした。
　そして、女子と先生にはもうしわけないです。
　今、自分は、自分を守るばかりで、他人のために何もやっていなくて、そんな自分を変えていきたいです。（第173号）

文化祭後もC君の日記は見られない。

だが、周囲が変わり、C君もまた変わろうとしていたのではないか。

その後、長谷川学級は３年生を送る会の演劇へと向かっていく。長谷川氏の演劇は「日常生活のほとんどを注ぎ込んで」、作ることになる。

長谷川氏の指導の一部が、記録されている。

　２Ａの演劇の取組。一般論でいえば、このくらいのレベルの学級は掃いて捨てるほどある。
　だから、君達が「駄目だ」と言いたいのではない。
　そもそも一般レベルの学級は、本格的な演劇に挑もうとはしない。

学芸会の出し物レベルで満足して終わりである。
　私は君達と共に高めたこの２Ａを、その程度で終わらせたくないのだ。＜後略＞（第309号）

　Ｃ君を含め、おそらく男子も取り組んではいる。しかし、長谷川氏の目は、「本気」ではないことを見抜いている。「本当の本気」を目指して、生徒と長谷川氏、生徒と生徒の日記を通しての感情交流は続いていく。
　長谷川学級の演劇「走らないメロス20XX」。幕が下りると同時に号泣する生徒たち。終了後に教室で行われた学活では、それまで指名されずに自分で立ってスピーチをしたことのなかった男子４名全員が、指名なしで感想を述べた。その瞬間にまた女子が号泣した。「全員参加、全員本気、全員成長」が本当の意味で達成された瞬間である。
　そして翌日。Ｃ君は４月とは別人のような筆跡で冒頭の日記を書くのである。Ｃ君はその後、学級解散まで毎日日記を提出したという。
　学級解散間際のＣ君の日記である。

■直樹が「笑いすぎると物事を冷静に考えられなくなる」と言っていて、カッコよかった。（Ｃ君）（第347号）
■自分で「ダルい」と思うとどんどんダルくなってきます。自分で「元気」と思っていたら、昨日のダルさは消えました。（Ｃ君）（第349号）

　日常の何気ない場面や、人生についての気付きが書かれ、それに対して長谷川氏も本気でコメントを残している。
　別れを前にして、Ｃ君は次の言葉を長谷川氏に送っている。

「大人になって長谷川先生に恩返しできるように頑張ります」（第347号）

　長谷川氏との出会いが、Ｃ君を変えたのである。
　　　　　　　　（『長谷川博之の学級通信365日全記録 上巻・下巻』より引用）

長谷川コメント

＊＊＊
　生徒指導も、ラポール形成も、特別支援も、すべては授業でこそ行うのである。授業中に為す積極的かつ予防的な指導の積み重ねこそすべての教育活動の土台なのだ。授業力向上は、生徒指導の要である。

■1 校則を守らない生徒への対応

横田泰紀

1	学校の基準に合った対応を行う
2	感情的な指導はしない
3	チームで動く

1 どんな校則違反も学校で決めた基準に合わせた対応をする

どんな学校でも校則違反をする生徒はいる。

ポイントは「その校則違反にどのように対応していくか」である。

校則を守るとは、ルールを守ることでもある。しっかり押さえてなくては
ならない。

長谷川氏が荒れた学校に勤務していたときのことである。

ワックスをつけて登校する男子生徒が複数いた。校則ではワックスをつけ
ることは許可されていない。

また、ワックスをつけて登校した場合は、直してから教室に入るという対
応方針があった。そのため長谷川氏は、生徒がワックスをつけて登校する度
に髪の毛を学校で洗わせてから教室に入れていた。

茶髪への指導も同様である。長谷川氏は、自分で黒染めのスプレーを用意
していた。その場で、黒に直し教室に入れて授業を受けさせる。これを何度
も根気よく繰り返す。

ただ、校則に「家で直して再登校させる」との記述がある場合には、基準
に合った対応をとる必要がある。

生徒指導で難しいのは、違反を繰り返す生徒への対応である。その場合、
長谷川氏が大切にしているのは次の点である。

> 「媚びない・ぶれない・動じない」

逆に、何度も違反を繰り返す生徒だからと教師が対応を変えると生徒は指導

に従わなくなってしまう。また、一度許してしまったのに、次は許さないというぶれてしまう指導は、生徒に不信感を持たせてしまう。もちろん、違反をする生徒が悪いのだが、教師の指導がぶれないことが何よりも大切である。

2 感情的な指導はしない

　大きな声を出して怒鳴る指導をすれば、その場の行動は一時的には変わる。しかし、生徒の心が変わる訳ではない。そのような指導を繰り返ししていれば、生徒は指導に従わなくなる。氏はこれを次のように示している。

> 　褒めることは生徒に蓄積される。怒鳴ることは慣れていくだけである。─「研究資料」より

　また、次のようにも言っている。

> 　教師が真っ赤な顔をして怒っている姿を見て、楽しんでいる生徒や喜んでいる生徒もいる。得たい報酬を生徒に与えたら逆効果になってしまう。だから、生徒の土俵で勝負しないことが必要である。─「研究資料」より

　長谷川氏は、生徒指導をする時に、怒鳴ることはない。怒鳴らなくても生徒は指導に従う。例えば、ガムを噛んでいる生徒への指導である。

　手を出して、「出しなさい」と言う。あるいは、無言でティッシュを渡す。これだけで、ヤンキー生徒は、「バレちゃったよー」と言いながらその場でガムを出す。

　逆に、感情的に怒鳴って指導をしたらどうなるか。「噛んでねーよ」「うるせーな」と生徒は反発し、指導を受け入れにくくなるだろう。

　また、長谷川氏の女子の服装違反への指導では、「スカートを直しなさい」と短く述べるのみである。すると女子生徒は、その場で、直してから長谷川氏のもとを離れる。まとめると以下である。

①短くサラッと対応する
②ジェスチャーを入れて対応する

　どちらも **1** で記した原則に従って指導し続けてきたからこそ、生徒も「この先生には誤魔化しは通用しない」と受け止めるのである。

　一方で、生徒指導は、どんな時でも厳しく対応しなければいけないという

ことではない。重要なのは、その生徒の行動が変わることである。

　例えば、長谷川氏が荒れた学級に飛び込みで担任したときのことである。夏休み明けに、学年で一番のやんちゃ生徒が茶髪にして登校した。このときの長谷川氏の対応は以下である。

> 「あれ、何、髪の毛茶色になってるけど、理科の実験に失敗しちゃったの!?」この余裕たっぷりな対応である。
> 　その生徒と一緒にいた数名のやんちゃ生徒がドッと笑った。すると茶髪の生徒は、真っ赤な顔して、恥ずかしそうにしていた。―「研究資料」より

　長谷川氏がその場にいた誰よりもやんちゃな対応をした。この人には、頭が上がらないというやり取りを繰り広げて、温かい空気の中で巻き込んでしまう。その後は、長谷川氏のペースで、茶髪の指導が終了した。一見、遠慮した指導に思えるかもしれないが、重要なのは、その生徒の行動が改善されることなのである。

　これを長谷川氏は、相手の「想定外の角度から切り込む」肯定的フィードバックと呼んでいる。（本書P.27〜29参照）

3　チームで支え合う

　生徒指導では組織対応が求められる場面が存在する。

　長谷川氏は、全職員の共通行動が大切だと言っている。

> 　全教員で、必ず共通行動をとること。アクションを、起こすこと。
> 　教員間の隙をついて生徒の荒れにつながってしまうからである。
> 　教師が指導の責任から逃げてしまうと、早晩その教師自身が苦しくなる。指導から逃避すればするほど、加速度的に指導がしづらくなっていく。その教師は指導ができない教師だと、生徒は見抜く。そうすると、生徒はもっと好き勝手な言動をとるようになってしまうのだ。―「研究資料」より

　生徒指導が苦手な教員にも、同じ行動はするように要求しているのである。

　しかし、それでも、どうしても反抗して指導に従わない生徒もいる。その場合、長谷川は次のように言う。

> 校則違反があった場合、教師は指導はした方がいい。だが、目の前の生徒と取っ組み合いの喧嘩になるまで争う必要はない。もし、指導がその

> 生徒に入らない場合は、学年の生徒指導担当を呼び、力を借りる。それがチームで生徒指導をするということである。―「研究資料」より

　先述したガムを噛む生徒、スカートが短い生徒に対する指導も同様である。その場面に遭遇した際、生徒のその行動を完全に直させられなかったとしても、見て見ぬ振りをせずに声をかけることが重要である。それが「共有行動を求める」ということであるという。

　たとえ、生徒を直させることができなくても、長谷川氏は、それを責める雰囲気を職員内に作らない。

　生徒指導が得意ではない教師がいたとしても、その人は教育相談的な関わりが得意な場合がある。その際にはそこで活躍してもらうのだ。

　それぞれが得意な部分で活躍し、全員で支え合うことが大切である。

4 　追試実践報告

　数年前、私が受け持った学年1のやんちゃ男子がいた。その生徒は、警察にもお世話になるくらいのレベルの非行ぶりである。ある日、学校に登校してきた彼は、耳にピアスをしていた。その時は、長谷川氏のガムの指導を追試して生徒指導を行った。以下である。

> 　手を出しながら「はい、取って」と言っただけである。

　サラッと冷静に私が対応したので、その生徒も感情的にならずに、素直に指導に従った。

　校則を守らない生徒の対応には、必ず押さえるべきポイントがある。それを意識して生徒に対応することが必要であることを心に刻んだ。

―「研究資料」より

★★★

　校則違反への対応の原則は「適時・適材・適所」である。生徒指導主事時代、特に徹底した。「共通行動」を大前提としつつも、どこまで指導を「詰めるか」は統一しなかった。違反行為の最終的解決は、生徒指導部等その営みを得意とする人間が担えばよい。教師の「やらない」は認めないが、「できない」ことは支え合うのである。

長谷川コメント

②提出物がなかなか出せない生徒への対応

上田浩人

1	困る人の存在を知らせる
2	叱らず、サポートする
3	保護者に協力をお願いする

1 困る人の存在を知らせる

> 忘れたことをとやかく言っても、直りません。（文責：上田）

　長谷川氏の言葉である。提出物を忘れることは、誰かに迷惑をかけることである。しかし、教師が怒鳴ったとしても、忘れ物が減ったり、提出物が出てくるわけではない。長谷川氏は、直接または間接的に、以下のように語ることで、忘れ物への指導を行っている。

> 　担任は毎日様々なものを配ったり集めたりします。25名が期限を守って出してくれれば、ミスは生じません。個々がバラバラに提出してくると落ちが生じます。人間は完璧ではありません。私は人一倍完璧ではありませんから、ミスをします。
>
> 　忘れ物はある種の「習慣」ですので、直すのに時間と努力が必要ですが、信頼を得るために大切なことのひとつですから、ぜひ今から意識することを勧めます。
>
> （『長谷川博之の学級通信365日全記録 上巻』第22号）

　生徒には、自分の未提出により、担任や担任から提出物を回収する担当者が困っていることは見えにくい。長谷川氏は「提出物の先には人がいること」を生徒に伝えようとしたのだ。

　しかし、忘れ物は1度や2度語った程度で改善されるものでもない。だからこそ、手を替え品を替え、何度も語り、教えていくことが大切である。様々

な語りを用意し、事あるごとに語っていくのが良い。

　なお、長谷川氏が指摘しているように、習慣を変えることは簡単ではない。時間がかかることだからこそ、4月の早い段階で伝え、生徒を望ましい方向に促していくことが重要である。

2 叱らず、サポートする

　前述のように、忘れ物は習慣である。数回指導した程度で簡単に改善されるものではない。また、物事をすぐに忘れてしまう特性をもつ生徒に対しては、叱ったとしても効果が薄い。学校で反省していたとしても、家に帰った際に忘れてしまう可能性が高いからだ。

　大切なことは、忘れた生徒を叱って終わりにするのではなく、どのようにしたら忘れ物をしなくなるかを生徒と一緒に考えることである。

　長谷川氏は、次のように述べる。

> 「明日忘れたら、お家の人に電話します。
> 　忘れないために、帰宅後すぐに袋を用意し、玄関に置きます。次に、提出物をその袋に入れます。明日朝、その袋ごと持っていらっしゃい」
> と言って具体策を示す。──「研究資料」より（文責：上田）

　すぐにできる、具体的な策を生徒に授けるのだ。加えて、生徒が帰宅し家に着くころに本人に電話してその場でカバンに入れさせることや、翌朝に電話を一本入れて本人に確認する支援など、家にいる生徒に対する支援も効果的である。生徒が確実に提出物を持ってこられるような状況にするのだ。

　他にも、保護者の協力を仰ぐなど様々な支援が考えられる。一つだけではなく、複数の支援を重ねることで、忘れ物を防いでいくのである。

　わざとではなく、ついつい忘れてしまう生徒はクラスに一人はいる。忘れ物を繰り返す度に、生徒は「またやってしまった」と自己肯定感を低下させる。教師が様々な支援をした上で、忘れなかったという成功体験をさせたい。その上で、「持ってこられたね」と褒めてあげることで、自己肯定感の向上にもつなげられるだろう。

　徐々に忘れ物防止策を定着させ、ゆくゆくは教師の支援がなくても、自分で自分を支援できるように導いていくのだ。

長谷川氏は以下のように述べている。

> 家庭訪問して取りに行く。
>
> 家庭訪問がてら、学校の様子を伝えて、プリントを取りに行く。
>
> （提出物が出されないことは）親とつながるチャンス。
>
> ―「研究資料」より（文責：上田）

これは、極端な例かもしれない。生徒や家庭との関係によっては、いきなり先生が家庭訪問することを良く思わない保護者もいるかもしれない。家庭訪問すること自体、教師の負担にもなる。

しかし、提出物が出されないという困難を、保護者とつながるチャンスとする考え方はさすが！である。

家庭訪問ではなく、電話をかけることでも支援はできる。その際に長谷川氏の対応を応用するのだ。

学校から電話がかかってくることは、特にやんちゃな生徒の保護者ほど嫌なものだ。「うちの子、また悪いことをしたのかな？」等、不安な気持ちになるだろう。しかし、先生から出てくる情報は子どもの良い情報ばかり。「そういえば……」と最後にさらりと提出物のことをお願いされる。

しかし、この対応には注意が必要である。中には「結局は忘れ物の話がしたかったのでしょ」と思う保護者もいるかもしれないためである。普段から子どもを褒める電話を入れておくなど、日常での関わりがモノをいう。

保護者と話をすることで、前述の家庭での協力もお願いしやすい。

また、この時期は家業が忙しい等、新しい情報も得られる可能性もある。今後の支援のヒントが手に入ることもある。

このような支援をする場合、「そこまでやってしまったら提出物忘れが直らないのではないか」と考える同僚や保護者もいるかもしれない。

長谷川氏は、次のように述べる。

> 1年中忘れる子どもはいませんよ。必ず自分で持ってくるようになります。それを信じてあげないと、教育はできません。
>
> こちらがこの子はできると信じているから、できるようになるのです。

―「研究資料」より（文責：上田）

このような教育的な思想のもと、生徒を信じ、様々な策を共に考え実行し、保護者とともに生徒に向き合う。

4 追試実践報告

ある年、高校２年生の担任を務めた。ある提出物が、締め切りの日を過ぎても２名が未提出だった。

当時、私は提出していない生徒の名前を紙で貼って掲示するという対応をしていた。名前が挙がっている２名は、いつも提出物が遅れている生徒だった。

「いつ持ってこられる？」と聞くと、２名とも「明日持ってきます」と答えた。よって、「明日忘れたら、保護者に電話しますよ」と話し、その日は帰宅させた。

しかし、翌日も１名が忘れた。その生徒は忘れたことを謝りながら「なんでいつも忘れちゃうんだろう」と言い、下を向いた。それに対し、周囲の生徒が「お前はいつも忘れるよな！」という言葉をかけた。

その時、私は三つのことに対し、大きな衝撃を受けた。

一つ目は、名前を掲示し「明日持っておいで」と言うだけでは、提出できない生徒がいること。

二つ目に、忘れ物をしてしまう行為に、生徒自身も悩んでいるということ。

三つ目は未提出の生徒の名前を掲示することは、教師が冷やかしの材料を生み出す危険性があることを知ったこと。

長谷川氏の実践を知り、生徒が家にいる時に電話をし、その場でカバンに入れさせた。翌日、無事に提出。家にいる時の支援が足りていなかったことを痛感した。以降、この方法で彼の忘れ物は無くなった。

★★★

忘れ物の指導で重要なのは、共に知恵を出し合って再発防止の「しくみ」を構築することである。私がよく行ったのは、電話口で玄関に紙袋を用意するよう指示し、翌日学校に持って来る物を、その場ですべて用意させ、袋に入れさせる支援である。

長谷川コメント

❸当番活動に取り組まない生徒への対応

原田涼子

1 教師が行動する
2 意義を語る
3 当番活動のシステムを確認する

1 教師が行動する

長谷川氏の学級で、やんちゃなＡ男が給食準備をしなかったことがある。そのとき、長谷川氏は次のように告げた。

> 「片付けはＡ男がやれ。俺もやる。」

多くの教師は、生徒に「やりなさい」と注意するだけではないだろうか。しかし、長谷川氏は、Ａ男に「やれ」と言うだけでなく、自身も一緒に行うと宣言している。さすがのＡ男も驚いたに違いない。結果、Ａ男は長谷川氏と片付けを行ったという。

長谷川氏の生き方の根本には、次の思想がある。

> 子どもに要求することは、自分もやる。

給食の時間には、教師自らエプロンを着用し、配膳を手伝う。また、掃除の時間には、子どもと一緒に掃除をする。だからこそ、子どもたちは、当番活動にきちんと取り組むようになるのだ。

長谷川氏は、自身の思想を学級通信で述べている。

> 我が国では伝統的に、次の言葉が受け継がれています。
> 　　「子どもは親の言うことを三割までしか身につけない。
> 　　だが、親の行うことは七割以上身につけてしまう。」
> 簡単に言えば、親の説教で子どもが変わるのではない、親の背中を見

て子どもは変わるのだ、良くも悪くも、ということです。

　私は教師ですので、この言葉の「親」を「教師」に置き換えて実践を積んできました。

　　　　　　　すなわち、言葉より行動、率先垂範です。

「先生ほど『ありがとう』を言う大人を見たことがない」と言われました。

「先生ほど生徒より掃除をする教師はいない」と言われたこともあります。

　これは私が立派だから、なのではありません。私は立派な人間ではありません。まだ発展途上の、日々反省ばかりの未熟者です。その未熟者が、子どもの先を生きる者として、模範になる言動を取ろうと意識してやってきたことです。

　子どもに要求することは、まず自分がやる、ただそれだけのことなのです。―「研究資料」より

　子どもは、口先だけの大人は信用しないが、行動する大人の言うことは聞く。よく、反抗的な子が「先生はやってないのに、何でオレたちだけやらなきゃいけないんですか」という常套句を口にする。しかし、教師が率先垂範していれば、そのようなことも言えなくなる。

　上記のように、多くの生徒が当番活動に取り組んでいる中で、１、２名の生徒が取り組まない場合は、声をかけ、教師も一緒にやれば、取り組むようになる。

2　意義を語る

　では、多くの生徒が当番活動に取り組まない場合はどうすればよいのだろうか。

　長谷川氏は、４月の出会いの日から、学校は社会であることや、ルールを守る場であることを伝えている。また、自分のやるべきことを人に押し付けるような卑怯な行為は戒めている。その上で、当番活動に関しても、言葉を変えエピソードを変え、繰り返し伝えていく。

　しかし、それでも学級全体にサボる雰囲気がある場合、次のように厳しく指導している。

「自分のやるべきことを人に押し付け、楽をすることは止めなさい」

　委員会の仕事、清掃・給食当番の仕事、掃除前に椅子をあげて運ぶこと、給食時45分に着席すること、班長はそれをさせること。

　あなたがやらないということは、誰かがその分をやっているということだ。

　誰かがやればいいと自分は好き勝手なことをする。その根性が気に入らない。

　学校は社会だ。そして、集団生活の場だ。

　好き勝手を楽しむ場ではない。そんなことは家でやれ。

　学校は学校のルールに沿って学び、関わり、取り組む場である。

　ルールに沿わず他に多大なる迷惑をかけるようならば、フリーな学校を選んで通えばよい。

　この〇中にいることを選ぶなら、ルールに従い、責任を果たせ。

　ルールの大原則。それは、「時を守り、場を清め、礼を正す」だ。

（『長谷川博之の学級通信365日全記録 上巻』第31号）

　この話も、個別に話したり日記にコメントとして書いたり、手を替え品を替え、繰り返し伝えていく。教師が当番活動に取り組む意義を伝え続けるからこそ、少しずつ改善していくのである。

３　当番活動のシステムを確認する

　それでも当番活動がうまく機能しない場合は、システムに問題がある可能性がある。

　学級における当番活動といえば、黒板係や国語係といった「当番活動」と、班長や給食係といった「生活班」、給食当番や掃除当番といった活動がある。当番活動に取り組まない原因として、担当する人数が多くて仕事をする必要がないことや、仕事内容をわかっていないということが挙げられる。

　長谷川学級では、「一人一当番制」を採用し、誰が何をするかを明確にしている。「電気係」や「チョーク係」は１名、「黒板係」は３名というように、仕事に応じた人数配分になっているため、仕事をしなくてもよい生徒が生まれないようになっている。

　また、仕事内容も明確になっている。例えば、長谷川学級の生活班の係は、

班長、副班長、掃除長、回収、オールマイティの５つから成っている。長谷川氏は、係ごとに生徒を集め、それぞれの係の仕事内容を明確に指導している。

　一人一役で責任と仕事内容を明確化しているからこそ、当番活動が機能するのである。

　中学１年生を担任していたときのことである。生徒と共に教室掃除を始めようとすると、生活班の掃除長が「先生、Ｂ男がいません！」と言ってきた。生活班の係の役割の一つに、次がある。

> 　班員が活動を行っているか確認し、促す。

　そのことを、係の仕事内容を説明するときに告げてあるため、掃除長が教えてくれたのである。

　廊下を見ると、Ｂ男は隣のクラスの生徒とおしゃべりをしていた。

　二人に対し「今は掃除の時間です」と告げ、次のように尋ねた。

「今、掃除をしますか。それとも、放課後に残って掃除をしますか」

　Ｂ男は即座に「今！　今やります！」と言った。そこで、Ｂ男にほうきを手渡して「さあ、一緒にやるよ！」と告げた。Ｂ男は「めんどくせえ～」と叫び始めたが、「右から左に掃くんだよ。私が掃くから、後からついておいで」と言い、率先して床を掃いた。Ｂ男は「やだ～」とごねながらも、しぶしぶ後に続いて床を掃き始め、掃除をやりきった。

「明日は、最初からできますか」と問うと、Ｂ男は「できま～す」と言った。「できなかったら、放課後に残って一人でやってもらいます」と告げると、Ｂ男は「やだ～！」と叫んで帰って行ったが、次の日は、最初からきちんと掃除に取り組むことができた。

★★★

　指導の前に、「やらないのか」「できないのか」のアセスメントが必須である。できなければ方法を教え、やってみせ、やらせて褒めればよい。また、できるのにやらない生徒にもまた、共に行うなかで指導する。看過はしない。注意叱責で済ませるような怠惰な仕事も駄目だ。

長谷川コメント

4 友達にちょっかいを出す生徒への対応

上田浩人

> 1 事実を明らかにする
> 2 原因を明らかにし、解決する
> 3 今後の方針を示す

1 日常的なちょっかいへの対応

　日常の様々な場面で発生するちょっかい。例えば授業中における対応法として、長谷川氏は以下のように述べている。

> 　ちょっかいを出し始めた瞬間に「○○君、立ちなさい。この問題を解いてごらんなさい」
>
> 　その子がちょっかいを出し始めたとわかったら「全員起立。一回読んだら座りなさい」
>
> 　私たちが、その現象を生じさせないよう予防的に対応すればよいのです。そうすればその子に失敗体験を積ませなくて済むのです。こういう支援を重ねていくと、支援が必要ではなくなってくるのです。
>
> ——「研究資料」より

　以上の内容には原則がある。

①その場面を見逃さない

　ちょっかいやその予兆がある場面を発見するには、まずは生徒の近くにいることが必要である。休み時間や放課後、給食時間や掃除時間等、可能な限り教師が近くにいるという状況をつくっていく。

　それには、教師が隙を作らないことも大切である。授業で教師が板書する時、完全に生徒に背を向けるのではなく半身で書くようにする。書画カメラなどで投影し書かなくても良い状況をつくる等の工夫もする。

②興味の対象を変える

　落ち着きがない生徒が集中できずにいると、周囲にちょっかいをかけるようになることもある。長谷川氏のように、教師が別の指示を与えることでちょっかいを防ぐことができる。

　また、何度も繰り返す加害生徒に対しては「それ、10回繰り返したらいじめだよ」などと告げて意識づけることも効果的である。

2 　事実を明らかにする

　ある年、長谷川氏の学校でちょっかいというレベルを大きく超えた暴力行為があった。ここでの対応はちょっかいの指導にも通用すると思う。大まかな内容は、以下である。

　女子生徒が職員室に駆け込んできた。男子生徒Ａが暴れているという。現場に急行した長谷川氏の目に入ってきたのは、多くの教師に囲まれ、肩で息をし、目がつり上がっているＡだった。壁を足蹴にし、教員の手を振りほどき、暴言を吐く。その後、5名の教員も駆けつけた。

　Ａには担任がすでに対応をし話を聞いており、相手のＢは別室で相談員さんが対応している状況だった。

（『超・積極的指導法』一部要約あり、p95・96）

　現場に急行した長谷川氏が何をしたか、4項目に分けて分析する。

①環境を整える

　暴れているＡの周りには、たくさんの教員が集まってきている。大勢の教員に見られている状態やトラブル相手の生徒が目に入る環境では、Ａが落ち着くはずはない。長谷川氏はＡと関係性の良い担任以外にはその場から去るようお願いしている。また、相手の生徒は別室に移動させ、視界に入らないよう環境を整えている。

②Ａから事情を聞く

　なぜこのような状況になったのか。Ａや対応している担任から話を聞く。この時は、Ｂとふざけあっていて、エスカレートしたこと。ＡがＢのお尻を思い切り蹴ったら、Ｂが怒って振り向きざまにＡの顔を殴ったという情報を得ている。

③トラブルの相手からも事情を聞く

トラブルの相手Bから話を聞く。この時は、友達と話していたら後ろから
Aに雑誌で頭をはたかれたこと。反撃としてAの腹を一発殴ったこと。そう
したらAに尻を思いっきり蹴られたこと。振り向き力を入れてAを殴ったと
いう情報を得ている。

④両者の話のずれを解消する

これは、書籍には書いていない。しかし、両者の話のズレを解消する必要
がある。おそらく長谷川氏は、事実を確認するため、この後Aの元にも向かっ
たはずである。

両方から言い分を聞き、情報を集め、事実を明らかにする。生徒間のトラ
ブル対応はここから始まる。

3 原因を明らかにし、解決する

一見、Bが殴ったという事例だが、双方から話を聞き、事実を明らかにす
ると一方的なBの暴力行為ではなかったことが分かる。

> トラブルが起こった原因を明らかにし、その原因を解決していかない
> 限りは、トラブルはなくならない。

今回の件に対応したAの担任の判断は「ふざけあい」であった。しかし、
この判断に対して長谷川氏は疑問を持った。その後、Bから事実を聞き、以
下の情報を得る。

> Aは明らかにBを下に見ていた。
> 相談室でも、「喧嘩してえな！ B、喧嘩しようぜ!?」などちょっかいを
> 出していたという。
> Bは「最近、ずっと我慢していた。今日も我慢すればよかった。今冷
> 静に考えてみればそう思う。でも、我慢できなかった」と言った。
>
> （前掲書p97）

「ふざけあいという言葉は、両者が対等の関係であることを暗示する。」長
谷川氏の言葉である。Bはずっと我慢していたと言う。

つまり両者には力の不均衡があったと言える。よって繰り返させないため
には、事件の背景にある不均衡な関係に対する指導も必要になる。

事件の収束に向け、長谷川氏は以下のように考えたという。

> 殴ったという行為は、誤りだ。怪我をさせたという事実は、重い。
> だが、私にはBの気持ちがわかる。それほどにAは、日頃から横暴だ。
>
> （前掲書p97）

怪我をさせたBには、もちろん指導しなくてはいけない。しかし、だからと言ってAは一方的な被害者というわけではない。

生徒同士のトラブルにおいて、ほとんどの場合どちらか一方だけが悪いということはない。両者とも、何かしらの非があるものだ。

この事例で考えると、以下のようになる。

> B……相手を怪我させたこと。
> A……先に暴力を振るっていること。日常的に、Bにちょっかいを出していたこと。

このトラブルは、相手に大怪我をさせたBだけが謝罪しても解決はしない。日頃から横暴であり、今回の件で先に手を出しているAに対しても指導が必要である。

よって、長谷川氏はお互いの非を謝罪させる方法で指導している。

> ルールを示し、確認し、同意させ、次に何をすべきかを伝える。

詳細は記載されていないが、長谷川氏はA、Bそれぞれの悪かった点について指導し、納得させていると考えられる。そして、お互いに謝罪し合うことや、謝罪する順番も指導をしているはずである。教師が場を用意し、交通整理してあげることで、事件を収束させていく。

★★★

　原則として喧嘩は両成敗である。ただし、先に原因をつくった側、先に手を出した側にはもう一歩突っ込んで指導する。大事なのは、喧嘩なのか、それともいじめなのかの判別である。生徒間の関係性を見抜く眼力が要る。生徒の中で時を過ごしつつ観察眼を磨くのである。

長谷川コメント

⑤男女の仲をよくするための秘訣

野口雄一

1	男女が関わり合う活動を取り入れる
2	日常生活の質を高める

1　長谷川実践の分析

　長谷川氏は、学級を一つにまとめていく過程で男女の仲をよくしていく。学級を組織していく4月に、

> 男女が関わり合う活動

を取り入れている。様々な活動が行われているが、ここではすぐに取り組むことができる次の2点をご紹介する。

2　男女が関わり合う活動

①ふれあい囲碁

「ふれあい囲碁」は、碁盤の上で白と黒の碁石に分かれて相手の石を囲んで取る単純なゲームである。分かりやすいため中学生でも大盛り上がりとなり、自然と学級みんなで熱中してしまう教材である。
（http://fureaiigo-network.jp/）

　氏は、小学1年生から崩壊を続けた学年を中学2年生で担任した際、このふれあい囲碁を導入している。男女の仲がよくないと言われた子どもたちだったが、氏はあえて男子全員対女子全員で対決させた。男女の不仲を逆手に取り、チームプレーにつなげるためである。

　黒板に碁盤が描かれた紙を貼り、そこに男子と女子が交代で碁石を貼っていく。やんちゃ男子、やんちゃ女子は、「男子に負けるか」「女子には負けない」と燃え、ある男子が碁石を置こうものなら、「そっちじゃない」「こっち、

こっち」と、仲間の男子からアドバイスが飛び交う。「○○さん、頑張って！」と仲間の女子から声援が送られる。

　教室全体が熱気に包まれ、いつの間にか学級に一体感が生まれていた。対立していた男女を、活動が少しずつ和らげていったのだ。

②ありがとうゲーム

「ありがとうゲーム」も男女が触れ合う活動として有効である。

　親切な行動をして、「ありがとう」と言われたら、氏と行っている交換日記の日付の下に丸を描く。

　ポイントは、「ありがとう」を言ったら丸を描くのではなく、言われたら丸を描くところにある。言うだけならば意外と簡単だが、言われるとなると難しい。子どもたちは、「ありがとう」と言われる工夫を考え始める。学級全体で取り組むことで、男女の交流が生まれ、優しい雰囲気になっていくオススメのゲームである。

　このように、氏は、男女が関わり合う活動を取り入れることで、男女の仲をよくしていったのである。

　しかし、当然、ゲームだけでは、男女の仲は深まらない。氏は、

日常生活の質を高める

ことで、男女の仲を深めている。

　日常生活とは、行事を除いたすべての学校生活のことである。ここでは、次の三つの場面をもとにご紹介したい。

3 | 日常生活の質を高める

①掃除

　まず、氏は掃除の取組に対して、学級通信で次のような問題提起をしている。

　チャイムで取り掛からない、机を運ばないで出て行く、机を引きずる、ゴミ箱がいっぱいでも誰も捨てない、黒板や床がきれいになっていないのに終わらせてしまうなどが目立ちます。（第22号）

　このように、氏は４月の段階で学級の問題を見つけ出し、通信で伝えている。伝えるだけではない。子どもたちと一緒に、トイレの便器を磨く等、自らも

掃除を行っている。模範的な行動を示しながら呼びかけていったのである。

　この呼びかけに呼応し、動き始める子たちがいた。その人数が徐々に増えていくことが、次の日記から読み取れる。

> 　私が教室の机を運んでいると、かおりちゃんが私に声をかけて一番最初に手伝ってくれました。するとそうじを終えて教室に戻ってきた美月が、みんなに手伝おうと声をかけて、最後には女子のほぼ全員が教室そうじを手伝ってくれていました。（裕美）（第22号）

　氏は、このような子たちの日記を学級通信で取り上げて、学級全体に伝えている。すると、行動を始めた子たちの頑張りに応えるために、他の子たちも掃除を始めたのである。

　男子から、次のような日記が寄せられている。

> 　晃太朗さんと鈴音さんが、そうじが終わってすぐに教室に来て手伝っていたということを聞いて、自分の班の分だけでなく、ほかの班のところまで手伝っている晃太朗さんと鈴音さんはすごいと思いました。来週教室の運びを手伝いたいです。（陽翔）（第67号）

　通信上で男子と女子の交流が生まれ、お互いを称え合う内容が紹介されている。

　このようなやり取りは、掃除だけではない。氏は、様々な場面で問題提起をしている。そして、問題を解決していく過程で、男女の交流が生まれ、絆が深まっていったのである。

②帰りの会

　厳しい指摘だけではない。氏は、次のような温かな関わりを通して、男女が交流する場をつくっている。その様子が、次の日記からわかる。

> 「ああ〜！！　楽しかった！」
> 　これは、帰りの会が終わった直後に言ったことです。圭太が教卓のところにいって指示するとは！！おもしろい光景で大爆笑です。先生も圭太のマネをして、机の上で寝そべっているところ、とても似ていました。でも、背中の大きさが全然違うことに気づきました（笑）。楽しい時間を過ごせたので、２Ａでの思い出がまた一つ増えました。（由香）（第282号）

帰りの会で、氏と圭太君が席を交換したのである。その様子を由香さんが日記に綴り、氏が通信に載せて全体で共有する。このような氏の演出が、教室の雰囲気を温かくしているのである。

　ピリッと張り詰めた空気をつくる場面もあれば、みんなが声を上げて笑ってしまうような場面もある。この緩急をつけた対応が、最悪と言われた男女の仲を深めていったのである。

③休み時間

　男女の仲が深まっていくと、次のような休み時間でのやり取りの日記も届くようになる。

> 　私は最近、圭太にめっちゃお勧めされた「そなえ」（書籍）を読んでいます。
> 　圭太に「『そなえ』を読めば、色んな人の見方が変わるよ」とお勧めされたので、読んでいます。（中略）圭太と２人で「のむさんが言っていることはなんか説得力があるよね」という話もしました。１年の時や、４月の時では絶対にありえない会話です。こういう会話が圭太とできるようになり、うれしいです！！（美月）（第207号）

　「１年生や２年生の４月では絶対にありえない」と綴っていることからもわかるように、男女の仲は最悪だったのである。それにもかかわらず、休み時間に、男女が楽しく交流する様子が綴られている。

　男女の仲が深まってくれば、このようなやり取りも学級全体に紹介することができる。氏は、男女が仲良くしている休み時間の場面を通信に載せることで、他の男女も自然と打ち解けられる雰囲気をつくっていったのである。

　教師が、意図的に男女が関わる場をつくり、日常生活の問題を解決しながら、時に温かな雰囲気をつくる。これが、男女の仲をよくするための秘訣ではないかと考える。

（『長谷川博之の学級通信365日全記録 上巻・下巻』より引用）

***

長谷川コメント

**　男女の仲を良くするのにとりわけ有効なツールが「五色百人一首」と「五色名句百選かるた」である。知的で、かつ楽しい活動の中でこそ関係性が向上していくのである。説教では変わらないのだ。**

3章 「授業」における指導の極意

1 教科書や資料などを忘れた生徒への対応

伊藤圭一

1	借り方、返し方を教える
2	貸し出し用の教科書、資料等を準備しておく
3	忘れ物をしなくなるように共に考える

長谷川氏の学級では、4月の早い段階で、忘れ物をした時の「原理原則」を教え、忘れ物に対しての指導をしている。

> 忘れた時は自分から申し出ること。
>
> 貸せる物ならばできるかぎり貸し出すこと。
>
> 忘れたことを怒っても解決しないゆえ、次にどうするかを一緒に考えること。
>
> これが忘れ物をした時の「原理原則」である。
>
> （『長谷川博之の学級通信365日全記録 上巻』第8号）

忘れた物をそのままにして、生徒が授業に参加しない状況をつくってはいけない。忘れ物をした生徒が、学習面でついていけないだけではなく、おしゃべりをしたり、悪ふざけをしたりして授業を荒らす原因になりかねないからだ。長谷川氏の上記の記述をもとに分析を加えていく。

1 借り方、返し方を教える

原則の一つ目は「忘れた時は自分から申し出ること」である。

長谷川氏は、忘れ物をした生徒にただ貸し出しているだけではない。生徒に忘れ物をしてしまった時にどうすればいいのかを教えている。

「報告・謝罪・方針」を言わせることである。

> 報告「○○を忘れてしまいました」
>
> 謝罪「すみません」

方針「次回からは持ってきます。貸してください」

　そして返却時には、「ありがとうございました」の一言を添える指導をする。それを明るく楽しく繰り返し指導していくのである。

　この「報告・謝罪・方針」の型は忘れ物の時だけにとどまらない。他の場面にも応用できる。

　例えば生徒が軽微な問題を起こしてしまった時も、この型で言わせることで、自分がどう責任をとればいいのかを表明することができる。

「報告・謝罪・方針」の型は、生活する上で必要なこと、人間としての生き方にまで関わる大切なスキルである。

　また、いつ忘れ物指導をするのかも大切なポイントである。

　授業が始まる前に忘れ物をした生徒への対応を済ませてしまう。

　授業開始前、つまり休み時間のうちから長谷川氏は教室にいる。そして忘れ物についても確認し、前述のような対応をしているのである。

　忘れ物をした生徒への対応が不十分であれば、荒れの原因をつくってしまうことにつながる。全員の生徒が安心して授業に入っていけることが、荒れを防ぐ、あるいは荒れを拡大させない条件の一つである。

2 貸し出し用の教科書、資料等を準備しておく

　原則の二つ目は、「貸せる物ならばできるかぎり貸し出すこと」である。長谷川氏は事前に貸し出し用の教科書、資料、文房具等、万全の準備をして授業に臨んでいる。

　私の場合は鉛筆と赤鉛筆を二十本以上、ミニ定規と消しゴムを複数個、かごに入れて授業に持っていきます。係の生徒が取りに来て、持っていきますね。また下敷きも二十枚用意してあります。ノートはTOSSノートの背の部分を裁断してバラにし、さらに周囲を切って小さくし、あとで自分のノートにそのまま貼れるようにしたのを持っていっています。

　教科書も自分で購入したものを三、四冊持っています。「漢字スキル」や「視写スキル」も三、四冊持っています。そのくらいの準備はします。それを貸し出せばいいのです。

上記から長谷川氏が授業で使用するものを前もって複数準備していることがわかる。また、「あとで自分のノートにそのまま貼れるように」周囲を切るという細やかな配慮も記されている。

多くの教師は、忘れ物をしたことを叱ったり、「隣の人に見せてもらいなさい」と指示したりして終わるだろう。

前者の対応では、叱っている時間は忘れ物をした生徒以外には関係がない。授業を受けることのできない時間となってしまう。

また、後者の対応では、隣の生徒の学習権が十分に保障されない場合もある。生徒によって教材を読み書きする時間が異なるためである。

長谷川氏の対応は「忘れ物をなくす」という現象への指導だけではなく、「授業がこんなに楽しいのならしっかりと受けたい」という気持ちにさせる内面的な指導であると受け止められているようだ。

授業では必要な物をすぐに貸し出し、授業を受けさせる。そして授業の中で、学ぶことの楽しさや知的な感動を味わわせる。

このような好循環を長谷川氏はつくり出していると考えられる。

3 忘れ物をしなくなるように共に考える

原則の三つ目は「忘れ物をしなくなるように共に考える」である。

次の4点がポイントである。

①メモをとる習慣をつけさせる。

帰りの会などでメモをとる習慣を身につけさせる。生活記録ノートに必要な物を書かせ、隣の人と確認させる。

②話しかけて（電話をして）記憶を呼び起こさせる。

下校指導の時に、「明日の持ち物は何でしたか？」と聞いたり、電話をかけ「メモは見ましたか？」と声をかけたりする。また、翌日出掛ける時に気付くようメモを靴の中に入れるなども考えられる。

長谷川氏は本人と電話で話し、持ち物を玄関に準備をさせる方法もとっていた。

③保護者と連携する。

必要な持ち物を保護者に事前に連絡して、家庭でフォローしてもらうよう

にする。

④忘れ物をしたくないような授業をする。

　生徒に、忘れ物をしたら授業をまともに受けられなくて損をする、と思わせるような楽しい授業を展開することである。

　上記4点のような対応策により、生徒の忘れ物は減っていく。

4 追試実践報告

　私は授業に必要な貸し出し用の教科書や資料、文房具、そして辞書やカルタなどの教材教具を、キャスター付きのワゴンに収納して運んでいる。各クラスの国語係が、「先生、持っていきます！」と言って、次の授業のある教室へと運んでくれる。

　よく忘れ物をする男子生徒Mがいた。授業開始前、長谷川氏の実践を追試して、教室の環境を整え、彼にも授業の準備を促す。

　忘れ物があった場合は、ワゴンに準備していたものを貸し出す。加えて、忘れ物を減らすために授業中に次のような対応もする。

> 授業中、忘れ物をした生徒を意図的に指名する。

　指名して教科書や資料を音読させたり、教科書や資料から答えを探す問題を出したりするのである。その生徒に授業に参加した達成感を味わわせることができるのと同時に、間接的に教科書や資料の必要性を感じさせることができる。

　授業後、教科書を返しに来た生徒Mに「教科書があって良かったでしょ」と声をかけると、「はい」と照れくさそうに答えていた。その後、Mが忘れ物をすることは減っていた。

★★★

　授業に必要な教材教具は、原則すべて貸し出せばよい。それだけの準備を教師がしていれば済むことだ。ただし、ルールが要る。授業開始前に申し出ること、再発防止の具体策を述べること、御礼とともに返却すること等である。

長谷川コメント

❷私語を繰り返す生徒への対応

原田涼子

> **1** 短く注意する
> **2** 減らしたい行動は無視する
> **3** 発問と「作業指示」をセットにする

1 長谷川氏の実践分析

「私語」には大きく２種類あると考える。一つは、授業に関係のない言葉だ。もう一つは、授業に関係しているのだが、教師の発問指示に対する回答になっていない言葉だ。

まず、授業に関係のない言葉を発する生徒への対応を述べる。

このような場合、生徒に対して注意をする教師が多いだろう。その際のポイントは次だ。

> 短く注意する。

教師の多くは、注意が長くなり、説教になってしまう。生徒は、話が長くなればなるほど、耳に入らなくなる。注意されている内容がわからなくなり、ただ話を聞き流せばよいと思ってしまうこともある。そのため、注意をする場合は短く伝えることが原則である。

長谷川氏は生徒の私語を注意する際、次のような言葉を使う。

> 「口を閉じます」「心の声が出ているよ」

口調は穏やかだが、毅然と伝える。

「静かにしなさい」や「黙りなさい」という言葉では、具体的にどうすればよいのかわからない。しかし、「口を閉じます」と言われれば、口を閉じればよいのだということがわかる。また、無意識に私語をしていた生徒は、「心の声が出ているよ」と言われることで、自分が思っていることを口に出して

いたということに気づき、改めることができる。

だが、それでも私語を繰り返す生徒がいる。

その場合は、教師にかまってほしいために私語をしている可能性が考えられる。そのときに、教師が子どもの意見に反応してしまうと、生徒は「授業中に話すと先生はかまってくれる」と誤った学習をしてしまう。それを防ぐためには、次の方法がある。

> 減らしたい行動を無視する。

だが、完全に無視をしてしまうと、教師にかまってほしいと思っている生徒は、もっとかまってもらおうとしてしまう。

そのため、ここでいう「無視」は完全な無視ではなく、次のようにするのがポイントである。

> 言葉では対応せず、ノンバーバルな対応をする。

例えば、人差し指を立てて唇に当て、「静かにしなさい」というジェスチャーがある。他にも、ノートを指でトントンと指し「今はノートに書く時間ですよ」ということを伝えることもできる。

長谷川氏の場合は、子どもが私語をした際、目を合わせてうなずくことがある。そうすることで、「あなたの話は聞こえているよ」ということを示しつつ、話している言葉そのものには対応しないため、誤った学習を防ぐことができる。

子どもの「かまってほしい」という思いは受け止めつつ、「話す」という行動を無視し、減らすことができるのだ。

2 発問と「作業指示」をセットにする

次に、授業に関係しているのだが、教師の発問指示に対する回答になっていない言葉を発する場合について述べる。

この場合、まず教師の発問がわかりづらい可能性がある。ゆえに、教師の言葉を聞き返したり、教師の発問に正対していない言葉を言ってしまったりするのである。

例えば、「中心人物の心情はどうですか」という発問をしたとする。
「中心人物は現在、どのような心情なのですか」という発問なのか、「中心

人物の心情はどのように変化したのですか」という発問なのかがわからない。そのため、発問そのものを明確にする必要がある。

その上で、もう一つ大切なことがある。

> 発問と「作業指示」をセットにする。

例えば、「登場人物は誰がいますか」と問うたとする。

すると、指名をしていない生徒が、次々と「Ａ！」「Ｂ！」と答えてしまう。その流れで、「Ａは違うだろ」「Ａって、お前と同じ名前じゃん！」「オレじゃねえよ！」と私語につながっていく。

このような場合は、先ほどの発問に「作業指示」を加え、「登場人物は誰がいますか。ノートに書きます」と告げることで、私語につながる言葉を防ぐことができる。

万が一、「Ａ！」「Ｂ！」と答えを口にしてしまった場合は、「先ほど『ノートに書きます』と言いました」と言えばよい。また、他の生徒が「答えを言っちゃだめだよ！　先生が、ノートに書けって言ってたじゃん！」と伝えてくれることもある。

作業指示のバリエーションは、

> (1)答えを見つけたら、指を置きます。
> (2)ノートに書いたら、先生のところにノートを持って来ます。
> (3)隣の人と、意見交換をしてごらん。
> (4)立って、自分の意見を発表してごらん。

このような作業指示を出すことで、生徒は何をすればよいのかがわかるため、私語をしなくなるのである。

また、授業内容がその子に合っておらず「分からない」「出来ない」という私語を漏らす生徒もいるだろう。そのため教師は、子どもの思考が徐々に深まっていくように発問や作業指示を組み立てる必要がある。

前時の復習を短く行ったり、誰でも答えやすいところから授業に入ったりする。全体に「隣同士相談しなさい」と指示をした上で、その子に個別支援することも可能である。個々の理解度を適切に把握した上で、意図的に発問と作業指示を組み合わせたい。

3　追試実践報告

中学1年生の国語の授業である。

4月。授業冒頭の漢字学習の時間から、5名の男子生徒の私語が止まらなかった。『あかねこ中学漢字スキル』という漢字学習教材に取り組みながら、私語が止まらない。「先生、何ページやるんですか」といった授業に関係のある聞き返しから、授業に関係のない話まで、一人が黙っては一人が話し、連鎖反応を繰り返した。

試行錯誤を繰り返す中で、最初に静寂が訪れたのは音読活動だった。中でも、座席の順番に沿って一人一文ずつ音読させたときは、5名とも一切話さなかった。

緊張場面をつくる。

一人一文ずつの音読では、前の人がどこを読んでいるのかを聞いていなければ、自分の番になったときに止まってしまう。間違いたくないという緊張感から、黙って他の生徒の音読を聞くことができたのだ。

音読活動が終わった後に、次のように告げた。
「今、授業にふさわしい態度だったね。このように、人が音読をしたり発言したりしているときは、口を閉じて静かに聞くんですよ」

また、「名句百選かるた」や「五色百人一首」などの教材でも、私語をすることがなかった。これも、札を読む声を聞いていなければ、札を取ることができないという緊張感があるからだ。

生徒が緊張感をもつ活動を適宜取り入れ、静かにするという経験を積ませた後に、「これが静かにするということですよ」「指示どおりに活動することができて立派です」と、私語をしなかったことを褒め続けた。

6月。ようやく漢字学習の時間から、私語をすることがなくなった。たまに話してしまうときも「口を閉じます」と言うと、すぐに黙ることができるようになった。

（『中学校を「荒れ」から立て直す！』『研究資料』より引用）

★★★
　当然、最も重要なのは知的な授業である。その授業を構成する知的な発問である。思わず身を乗り出すような、手に汗をかくような、そんな授業を展開するのだ。さすれば無用な私語など生じようがない。

3章 「授業」における指導の極意

❸教師の指示や発問に反応しない 生徒への対応

上田浩人

> 1 「反応しない」のか、「反応できない」のかを分析する
> 2 教師の指示・発問を見直す
> 3 反応させる工夫を次々に試していく

1 反応できない生徒の場合

教師の指示や発問に反応しない生徒がいた場合、まずすべきは以下である。

> 「反応しない」のか「反応できない」のかを分析する。

どちらなのかによって、教師の対応は異なる。

①反応しない場合は、反抗・無気力・生徒指導上の問題

②反応できない場合は、特性・能力・特別支援や教師側の問題

つまり、生徒が「反応できない」という状況ならば、教師に工夫の余地がある。長谷川氏は、以下のように述べている。

> 言いたくても言えないような発問、何を答えたら良いかわからない指示を出しているのなら、先生が直さなければいけません。
> 　　　　　　　　　　（『中学校を「荒れ」から立て直す！』p177）

特に、ワーキングメモリの少ない生徒は、複数の情報を頭に保持することが難しい。例えば数学の授業。教師が「教科書30ページの練習問題を(1)から(3)までやります。終わったら先生に見せに来ます」と指示を出したとする。この場合、指示通りに動けない生徒が出る可能性が高い。

上記の指示は、①教科書30ページを開くこと、②練習問題を探すこと、③(3)までやること、④先生に見せに来ることという四つの指示を含んでいるからだ。

ワーキングメモリの少ない生徒にとっては、最初に出したページの指示が頭に残らない。そのため問題に取り組みたくても取り組めない状態になっている。

原因は、教師の指示の出し方にある。それにもかかわらず、指示通り動けない生徒を叱ったり、「さっき言ったでしょ」などと皮肉を言ったりしていると、生徒の心が教師から徐々に離れていってしまう。

　結果として、余計に反応が出ないクラスになってしまうこともある。最悪の場合、授業崩壊にも繋がってしまう。

> 指示は一つずつ出した方が、生徒が反応しやすくなる。

　まず、教科書を出させる。次に、30ページを開かせる。全員が開いたことを確認する。「練習問題に指を置きなさい」と問題が書いてある箇所を確認する。その上で、解くように指示を出す。

　このように指示を一つずつ出していくことで、すぐに反応する生徒が増える。「反応できない原因を教師が作ってはいないか」、そう考えることが解決の糸口になる。

2 「反応しない場合」の対応

　反応のないクラスに対応する際の心構えとして、長谷川氏は以下のように示している。

> 　子どものせいにしてはいけない。絶対に反応を起こす、発表させてみる、子どもに力をつけるためにやらせきる。そういった決意で先生が授業を作り、実践することです。
> 　負けてはいけませんよ、子どもたちの雰囲気に。先生自身が飲み込まれて「この程度でいいや」と手を抜くのは駄目ですよ。それは教師の仕事ではない。（前掲書p180）

　こうした考えについて、長谷川氏の主張は「術の前に、熱」とある。

　授業で教える方法を工夫すること以上に、生徒に理解させるために考える熱をしっかり持てというメッセージである。

　長谷川氏は続けて、以下のように示している。

> 　反応がまったくないクラスなら、反応させる工夫を10も20もやっていけばいいのです。
> 　たとえば、百人一首、英語カルタ、社会のフラッシュカード。反応あり

　楽しいパーツ、参加しやすいパーツを取り入れることで、生徒を反応「さ
せる」状況を生み出していく。特に競争やゲームの要素が入ると、より盛り
上がりやすくなるだろう。

　このような授業パーツは、他にもたくさんある。例えば教育ポータルサイト
TOSSランド（http://land.toss-online.com/）で「盛り上がる」と検索する。授
業のネタが書かれた書籍などを活用し、たくさんのネタを仕入れておきたい。

　複数のネタを仕入れ、面白いと思ったものから、次々にやっていく。クラ
スによって、生徒によって、合うもの・合わないものも当然ある。様々試し
ていくことで、盛り上がる傾向がわかってくる。

　例えば、フラッシュカードで盛り上がるクラスなら、毎回の授業の冒頭で
行い、反応しやすい状態に温めてから、教科書内容に入ると良い。

　また、反応がないクラス、少ないクラスは、そのクラスの生徒たちも「私
たちのクラスは反応がないクラスだ」と思い込んでいる場合もある。このよ
うな場合、長谷川氏は以下の語りをしている。

　生徒の反応を引き出すため、教師が工夫し、盛り上げる。その上で、価値
付けする。そうやって生徒の思い込みを少しずつ剥がしていく。時間がかか
るがこのような体験と語りをセットで繰り返していくことも効果的である。

3 追試実践報告

　1学年、4クラスの授業を担当した。

　授業をしていく中で、あるクラスだけ授業が盛り上がらないことに気づい
た。他のクラスではたくさんの反応があり、大いに盛り上がっていた授業で

も、返ってくる反応は少なかった。

「このクラス、盛り上がらないから嫌なんですよね」と同僚に話したことも
あった。次第に、そのクラスに行くのが憂鬱になっていった。

　そんな時、前述の長谷川氏の言葉を知った。生徒の反応が薄い原因は、
「反応しない」のではなく、私が「反応しにくい状態」を作っていたのでは
ないか。そう考えた。

　しかし、授業中は教える内容を意識するあまり、余裕がなかった。授業後
も、誰がどのような反応をしたか、自分が何という指示を出したか等、曖昧
だった。授業を冷静に振り返るため、以下のことを行った。

授業をビデオに撮り、見る。

　自分の授業を客観的に見て、目を疑った。まず、話が長い。３分以上も喋
りっぱなしということもあった。次に、指示を複数まとめて出していた。ま
さに、反応したいけれど、できない状態の授業をしていることに気づいた。
非は生徒ではなく自分にあった。

　他にも、笑顔が少ないこと、すぐに答えを教えてしまっていることなど、
様々な改善点に気づくことができた。

　まずは、「指示を一つずつ出すこと」を意識した。ある程度できるように
なったら、次に、「話を短くすること」を意識するように、一つずつ目標と
し、改善していった。また、普段の授業を同僚に見てもらったり、セミナー
で模擬授業を繰り返したりした。このような工夫を続けていくと、次第にた
くさんの反応が返ってくるクラスになっていった。

　しかし、それでも反応しない生徒もいた。そんな生徒も思わず反応してし
まう授業を目指し、実験や実物を用意するなど工夫を重ねた。その結果、学
年で一番、反応が良いクラスに変わっていった。

　やはり、原因は教師にある。生徒はそれを教えてくれているのだ。

★★★

　授業中、中高生の身体は基本「冷えている」。冷えているから、動きが小
さい。声も出ない。よって身体を温め、心のコップを上向きにする工夫が要
る。明確な発問・指示、心地よいリズム＆テンポ、そしてゲーム性のある学
習活動等が効果を発揮する。

長谷川コメント

4 発言・発表への抵抗感が強い子への対応

野口雄一

1 長谷川実践分析

　氏の授業では「指名なし発表」を取り入れており、子どもが自分から次々に立って発表する。

　もちろん、最初から全員が立ったわけではない。中には、発言・発表に抵抗感が強く、自分から立てなかった子もいたわけである。

　このような子たちにどのような方法で力をつけていったのか。

　まずは、学級全員に発言の場を設け、発言耐性をつけたのである。

　発言耐性をつけるためのステップは、次の通りである。

> ①発言の機会を増やす
> ②どんな意見も受け入れられる雰囲気をつくる

　それぞれについて分析しながら述べていく。

①発言の機会を増やす

　氏は、様々な方法で発言・発表をさせている。

　まずは、音読である。教師が読んだところまでを全員に読ませる「追い読み」、教師が一文を読んだら次の一文を読ませる「一文交代読み」、全員に読ませる「一斉読み」等、様々な方法で飽きずに音読をさせる。

　また、『中高生のための暗唱詩文集』（教育技術研究所）を使って行う詩文の暗唱も効果的である。暗唱するために声を出す練習をたくさん行うことができるからだ。

　氏は、指名の仕方も様々取り入れている。

苦手な子も答えられる易しい問題を、個々に指名するやり方もあれば、縦一列を順に指名する列指名等もある。

どのやり方にも共通しているのが、「意図的な指名」であることだ。

氏は、子どもたちに挙手をさせない。手を挙げた子たちだけを指名していたら、挙げられない子たちに力をつけることができないからである。

挙手をさせない授業など、実現できるものなのか。不安に思う人も多いだろう。

子どもが書いたノートを見て、書かれた内容に応じてその場で授業を組み立てていく。だから、発言・発表に抵抗感が強い子も力をつけていくことができるのである。

②どんな意見も受け入れられる雰囲気をつくる

氏は、発表をさせるときの雰囲気づくりも大切にしている。

たとえ正解から遠い意見が出ても、「発表したことが偉い」「発表しないより100倍よい」と発表に挑戦したことを褒めている。どんな意見を発表しても、氏が受け止めてくれるから、子どもたちは安心して発表をすることができるのである。

2 個別の支援を行う

続いて、個々への支援である。大きく分けて次の二つだ。

①授業中の支援
②交換日記の支援

①授業中の支援

授業中に発言・発表をさせる際、気を付けなければならないことがある。それは、失敗体験を積ませないことである。

例えば、授業開始直後に、難しい問題を当てない。短歌や物語文の教材名や作者等、教科書を見れば直ぐにわかる易しい問いから入っていくのである。

また、発問の直後には、次のような支援も行っている。

子どもたちがノートを書き始めると、全員が下を向く。その間に、書けない子のところへ行って支援をする。周りの子たちは自分の考えを書くことに集中しているので、教えられている子に目が向かない。

長い時間、教師が一人の子にはりついて教えていると、その子に勉強ので

きない子だとレッテルをはってしまうことになる。

　さらに、氏は机間支援で教室を一回りする間に、どの子が何を書いているのかを暗記している。覚えながら、どの子の意見を授業のどの場面で取り上げ、活躍させるのかを組み立てていくのである。

　次々と意見を言わせた上で、まだ誰も言っていない意見を発表させれば、発表した子は大きな成功体験を味わうことができる。

②交換日記の支援

　氏は、思春期真っただ中の子どもたちの相談にのるために、交換日記を行っている。日々感じたことを自由に綴る日記もあれば、自分の悩みを打ち明けてくるものもある。

　次の日記は、発言・発表に抵抗感が強かったＡ子の日記である。

> 　私は小学校のときからずっと「あがり症」で、発言することをさけてきました。（中略）今は、少しずつしかできないかもしれないけれど、今の自分を変えていきたいです。（第74号）

　発言・発表への挑戦を始めようとするＡ子の日記に、氏は次のようにコメントを返し勇気づけている。

> 　（前略）「少しずつしかできない」だけどね、それでいいんだよ。人間、いきなり変われないよ。立ち幅跳びで３ｍ跳べる人はいないんだよ。だけど、走り幅跳びなら、３ｍくらい余裕なんだよ。なぜだかわかるかい。「助走」をしているからだよな。人間の成長にも、「助走」があるんだよ。最初はゆっくり、１ミリずつの成長なんだ。それを続けていると、「加速の法則」が働いて、大きく跳べる日が来るんだよ。（第74号）

　「発表しなさい」の一言は、どこにも見当たらない。

　氏が綴る言葉は、励ましの言葉で満ちている。Ａ子は常に氏の言葉に背中を押され、挑戦を続けたに違いない。

　その結果、Ａ子は次のような日記を書いている。

> 　国語の時間に立って発表することができました。いままでは、緊張して立てないと思っていたけど、全然緊張しませんでした。
> 　自分が、恥をかかないように恐れていただけだったんだと思います。

　授業で発表の機会を保障し、挑戦したことを日記のコメントや通信で強く認めていく。このような支援の積み重ねが、発言・発表への抵抗感を減らし、自分の意見を発表したい子を育てていくのだ。

　また、発言・発表への抵抗感が強い子だけでなく、周りの子たちを変えていく必要もある。発表した意見に対して反対意見を言われてしまったら、さらに発言の抵抗感が増してしまうに違いない。

　人の意見は、黙って聞くことや良いことを言ったらメモをさせたり、頷いたりする聞き方も教えておきたい。

3　追試実践報告

　5年生のB子は、否定的な発言を繰り返し、挙句の果てには、「発表なんかしません」、「話すの嫌です」と宣言していた。指名をすれば、あからさまに嫌な顔をされたこともあった。

　そんなB子にまず行ったのは、発言耐性をつけることである。国語の音読や暗唱はもちろん、算数で問題文を読ませる等、様々な教科で毎日発言をさせて成功体験を積ませていった。

　同時に行った交換日記では、B子がノートに意見を書いていたことや暗唱に熱心に取り組んでいたこと等、授業に前向きに取り組んでいることを褒め、日々の挑戦に勇気づけのコメントを書き続けた。

　その結果、1学期後半には自ら立って発表できるようになり、2学期には毎日のように発表をすることができるようになったのである。

　発言・発表に抵抗感が強い子も、段階を踏んで指導し、できるようになったことを認めていくことで、発表ができるようになるのである。

（『長谷川博之の学級通信365日全記録 上巻』より引用）

★★★

　抵抗感を取り除くには「場数」が重要である。ステップは二段階ある。第一に、「声を出す」段階である。数十のバリエーションで音読・朗読をさせる。第二に、「話し合う」段階である。発話の内容を予めノートにまとめさせるのがポイントだ。認め、褒め、励ますのが鍵だ。

長谷川コメント

5 授業で達成感を感じさせるためには

星野優子

1 正解よりも変容を求める

中学生は「人にやらされた学習」では、達成感を感じない。

「自ら選択し、努力して課題を乗り越えた」という経験が、達成感に結び付く。

長谷川氏は、授業において生徒が達成感を感じられるような布石を幾重にも重ねている。

その一つが、「正解よりも変容を求める」ということである。

氏の学級通信には次のように書かれている。

> 教室は間違えてよい場所だ。
>
> 授業は、どんどん間違えるべき場所だ。
>
> 授業で私が大切にするのは、「正解」ではない。「変容」である。
>
> 間違えても、なぜ間違えたかがわかり、直せた。級友の意見を聞いて自分の考えを見直した。質問や反論ができた。今まで避けてきた発表や討論に、みずからの意思でチャレンジできるようになった。
>
> そのような「変容」を、私は最も大切にしてきたし、最も高く評価してきた。
>
> 結果、生徒の国語学力は全国学力学習状況調査のトップ10%まで上がった。
>
> つめこみをせず、宿題も出さず、ただひたすらに「楽しく、しんどく、熱中する」授業をしながら、である。（第42号）

長谷川氏が「変容」の例として挙げている多くは、生徒の「心の持ち方」や「行動」に関わる内容であることが分かる。

「級友の意見を聞いて自分の考えを見直す」、「今まで避けてきた発表や討論にみずからの意思でチャレンジした」。これらはいずれも、一人で勉強していては得られない体験であり、「やらされている学習」ではない。自らの決断で獲得した大きな成長である。

　そして、このような生徒が増えれば、授業は教師の説明を聞いていればよいという受け身の時間ではなく、生徒が自ら立って発言し、意見を交流する能動的な時間となっていく。

　日々の授業がそのようになれば、学力が伸びるのも当然のことだ。

　だからこそ、長谷川氏は生徒の「変容」を「最も大切にしてきた」、そして「最も高く評価してきた」と述べているのだろう。

　こういった働きかけを重ねていくと、生徒が変わっていく。

　ある生徒は授業の感想を次のように書いた。

（略）自分から立って発言。そんな授業が大好きです。自分で手をあげて、発表するのは、ていこうがありました（いろいろと）。

　でも、今の授業は楽しいです。間違えてもマイナスにならない、プラスになる。自信が、当たった時のうれしさが！　笑顔で始まって、笑顔で終える。そんな授業ができて私はうれしいし、幸せです。本当に心から思っています。（第42号）

　そして、長谷川氏もチャレンジし成長した生徒に大きな励ましを送る。

「×」の分だけ力がつく。何十個何百個という「×」は、何十回何百回と挑戦した証だ。誇るべき「足跡」だ。チャレンジ、チャレンジ、チャレンジだ。（第42号）

　行動した生徒を認め、褒め、励ます。

　それを見た周りの生徒が一人、また一人と変容していく。

　そのサイクルによって、授業が常に生徒主体の、能動的なものになっていく。そこに生徒の「やらされ感」はない。

長谷川氏は次のように語る。

> 　私は国語を教えながら、授業を通して「生き方」を向上させたい。
>
> 　道徳でもまた、より良き「生き方」を共に追求したい。
>
> 　学級経営も同じ。君達の人生の土台作りを手伝い、己の人生を更に充実させたい。
>
> 　ひとりも落ちこぼさず、たったひとりの例外もなく、学校を出てからも役に立つことを教える。教えたつもりで終えるのでなく、できるところまで身につけさせたい。
>
> 　私という教師をもはや必要としない人間に育てる。
>
> 　私にできることは限られている。そのことは十分わかった上で、チャレンジを続けたいと今、思っている。（第98号）

　この文章には、長谷川氏の確固たる方針が示されている。

　次だ。

> 　授業を通して、学力の向上のみならず、一人の人間として成長してほしい。

　このことを生徒に明確に伝え、授業の中で、授業外で、様々に関わることによって、生徒の成長を実現させている。

　国語で指名なし発表をさせ、討論をさせることは国語の学力を向上させるためだけではない。

　自ら意見を述べ、相手の意見を踏まえてよりよい解を求めようとする姿勢、思考を培っているのである。それが、中学校を卒業してから先の人生に役立つからだ。

　氏は次のように述べる。

> 　私は何よりも、チャレンジを評価する。正解は必要ない。そもそも社会は○か×かの二択ではない。数多くの△から最も良い△を目指すのが、社会で生きるという営みだ。
>
> 　失敗して恥をかいた数だけ、人は強くたくましく、そして賢くなる。

中学生は小手先の技術、口先だけの誉め言葉では達成感を感じない。

教師の信念に基づいた弛まぬ継続的な指導と、心から励まし続ける温かさ、その結果として得られる確かな成長こそが、彼らの達成感につながるのである。

3 汎用性のある学力をつける

> 「こうすれば長い文章も読めるのだとわかった」（中略）
>
> 「読み方が分かると問題が解ける、のみならず、内容を深く理解できて面白い」
>
> 「授業で習った読み方を毎日の読書で試したらすごく面白くて、YouTubeの代わりに読書をするようになった」（第97号）

上記はいずれも、長谷川氏の授業を受けた生徒の感想である。

これらには特徴がある。「特定の教材の内容が分かった」という感想が一つもなく、他の教材・場面にも汎用可能な力を実感しているということだ。長谷川氏が、授業で扱っている教材を理解させることよりも、汎用性のある学力、将来に活きる学力を生徒に身につけさせようとしていることが分かる。

例えば「文章を正しく、正確に読む力」であり、「自分の意見を明確に相手に伝える力」であり、「他者の意見を受け止め、自分の思考を深化させる力」である。これらは学校を卒業しても一生活きる力だ。

そして、生徒自身も、授業を通して、先に活きる学力を身につけていることを実感している。それが一つひとつの感想にも表れている。

だからこそ、大きな達成感を感じるのだろう。

（『長谷川博之の学級通信365日全記録 上巻』より引用）

長谷川コメント

★★★

不備不足不十分などあって当たり前なのだ。「正解よりも変容が大事だ」と力説し、変容を自覚させるよう組み立てる。誤答や珍答も瞬時に価値づけ、集団の成長の糧とする。その営みを積み重ねれば、生徒は着実に向上的変容を遂げる。

4章 「いじめ対応」における指導の極意

①いじめをどのように発見するか

吉川大胤

> 1 いじめの定義を共有する
> 2 いじめの発見・対応のシステムを構築する
> 3 いじめ発見後の対応・『その後』までフォローする

1 いじめの定義を共有する

氏の提案文書には文科省が示す「いじめの定義」が載せられている。

それらを知った上で、職員や子どもたちにも分かりやすく、共有しやすい「いじめの定義」を示している。まずは、その定義を以下に示す。

1　力の不均衡（一方的である。やり返しができない間柄である）
2　繰り返される言動（たった一度で深刻なトラウマを生じさせるほどのいじめもあるが、多くの場合、繰り返され、常態化されている。）
3　意図的な言動（意図的に標的にされ、被害を受けている人間がいる）
4　不公平な影響（加害者には影響がないが、被害者は心身に変調を来す）
（いじめの定義として世界基準となっているノルウェーの犯罪心理学者でありいじめ研究の第一人者であるダン・オルヴェウス氏の定義を借り、キーワードを抽出」）（『超・積極的指導法』p103）

氏は、これらの定義を教師間で共有している。場は校内研修である。そして、生徒には、生徒会本部に「よりわかりやすいキーワードにする」などの工夫をさせ、集会や掲示等で扱わせ周知させている。

2 いじめの発見・対応のシステムを構築する

長谷川氏は、向山洋一氏が提案した生活アンケート（『いじめは必ず解決

できる—現場で戦う教師たちの実践』（扶桑社 2007））を中学校版にカスタマイズして以下のように記している。

① 『お金を出せと言われて取られたことがありますか』等の問いに対し、『ある』『ない』のみでなく、『1・2回』『3・4回』『5回以上』と記し、丸をつけさせることである。

② 時間の掛かるアンケートは駄目である。5〜10問程度とし、2分以内に終わる中身とする。

③ 月に一度実施するとして、設問を変えて様々な角度から実態を把握する。

④ 『先生に知ってほしいことがあったら自由に書いてください』などの『その子が時間をかけて書いている、すなわちいじめを受けたり、知っていたりすることが周りに分かってしまう』項目は入れない。

⑤ 集め方も工夫する。教師が大きな紙袋を持って立つ。その中に、アンケートを四つ折りにして入れさせる。生徒の前でその袋にセロテープで封をする。

①のアンケートには、他にも、「おごれよと言われて、無理やりおごらされたこと」「わけもなく、殴られたり、けられたりしたこと」「先生や大人の人がいない所でいやなことをされたこと」「仕事や命令をされたこと」「無視をされたこと」「○○くんと遊ぶのやめようなどと仲間はずれを話し合ったこと」などの項目がある。

長谷川氏は、中学校の現場として、「携帯やパソコンを通して悪口や噂を書かれ、嫌な思いをしたことがありますか」「学校に関係のない物、ふさわしくない物を持ってきたことがありますか」という項目を加えている。現代の状況に合わせて、項目を変化させることも必要だ。

> どれも生徒への配慮である。このような配慮で為されるアンケートならば、月に一度ずつ実施しても、生徒は嫌にならない。

長谷川氏は、この提案を中学校の現場で、学級担任へどのように依頼するのかを具体的に示している。

「月曜日から1週間、ひとりぼっちの子を調査します。昼休みに誰と何をしたかを調べ、ひとりだった生徒を記録します。まずは先生方が観察され、その上で、生徒に誰と何をしていたかを尋ねてみてください。これは1週間毎

日行います。結果は私に報告します。生徒指導委員会でも私から報告し対応を練ります」

　生活アンケートだけではなく、教師が子どもを観る視点を与え、報告までをシステム化することで、いじめの早期発見に繋がる。

3　いじめ発見後の対応・『その後』までフォローする

　氏が示す7点が以下である。

① 　発見後24時間以内に会議を開き、対応策を決め、保護者への連絡を含めて対応する。

② 　会議の座長（最終責任者）は校長先生とする。

③ 　いじめが解決するまで、会議は招集され続ける。

④ 　会議では指導経過の報告と新たに取るべき方策が決定される。

⑤ 　解決の判断は校長先生が行う。

⑥ 　解決後も1週間、1ヶ月、3ヶ月と定期的にその生徒の状態を会議で報告するものとする。

⑦ 　校長先生あるいは学年主任は、1ヶ月後、3ヶ月後、半年後に保護者に連絡し、「その後いかがでしょうか」と状況を尋ねる。これをアフターフォローとする。（前掲書 p200）

　長谷川氏の提案には、曖昧さがない。

> 　いつ、誰が、何をするのかを具体的に示してある。

　この提案を見れば、校内の職員が同じ行動をすることができる。指導方針が明確だからこそ、職員は、動くことができるのである。そして、文書に残すことで、責任の所在も明らかになるのである。

4　追試実践報告

　過去2校、4回生徒指導主任を拝命した。各学校で、長谷川氏が示した生活アンケートを小学校版として提案してきた。

　このアンケートを実施してみての反応を記す。児童がこのアンケートを嫌がったという報告を聞いたことがない。1〜2分で終わるので、子どもへの負担は少ない。さらに、教師へのSOSは、伝えやすい。担任からは、「誰と

話をすればいいのかが、すぐに分かるのでやりやすい」と喜ばれた。管理職からも、「全校児童分もすぐに見ることができる」と感謝された。

　まずは、教師の間で「いじめの定義」の共通認識を持った。定義は、「相手が、からだ・心に苦しみや痛みを感じる言葉や行動」とした。子どもたちにも伝えることで、何がいじめなのか、理解できるようになった。

　次に「生活アンケート」についてである。多くの学校で、同様のアンケートは行われていた。しかし、「ある」か「ない」の２択であったり、それぞれの項目に自由記述の欄があったりと、子どもたちへの配慮が足りないものであった。氏が示す、数値を入れる形にアンケートを修正し、会議に提案し、校内で実施してきた。また、氏は子どもたちの実態に合わせて学期ごとに質問項目を修正するとも述べていた。

　各担任に、「５回以上」に○が付いた子には、必ず話を聞いてもらう。その内容についても、「いつ、誰に、どんなことをされたのか、そのことは今も続いているのか、解決したのか」を記してもらう。

　最後に「いじめ発見後の対応・『その後』までのフォロー」についてである。年度当初、生徒指導案件については、「小さいうち」に、生徒指導主任、管理職に報告・連絡・相談をしてもらうようにお願いした。また、「アフターフォローを３ヶ月先まで行う」ことも記した。素早い対応、そして、アフターフォローまでをシステム化することが大切だ。

★★★

　「いじめ」という言葉を使用しない私にとって、定義の共有は不可欠である。学級内だけではない。生徒会活動とリンクさせ、学校全体で共有する。オルヴェウスの４定義を生徒の言葉で表現させればよい。そのうえでポスターにして随所に掲示する。これもまた予防的取組である。

長谷川コメント

❷心無い言動が数多く飛び交う時

上野一幸

> **1** 「叱る原則」を示して予防する
> **2** いじめの定義を共有する
> **3** より良い行動の仕方を教える

1 長谷川氏の実践分析

　学級の雰囲気によっては、日常的に悪口・不平・不満・愚痴といったマイナスの言葉が飛び交う。それらが次第にエスカレートし、大きないじめに発展する可能性もある。

　また、自分自身に向けられたものでなくとも、心無い言動を繰り返し耳にし、目にするだけで、心に傷を負ってしまう生徒もいると考えられる。このような生徒も、安心・安全に生活できる環境を整えていくことが大切だ。

　以下、長谷川氏の実践の分析を試みる。

① 「叱る原則」を示して予防する

　ある年、長谷川氏は、異動初年度で問題山積の学年を担当することとなった。新年度初日の様子が次だ。

　指示通りに椅子に座って担任を待っていた生徒、わずかに２名。

　私が話し始めた瞬間に机に突っ伏した生徒、４名。

　全員に話を聴かせるまでにかかった時間、30分。

　廊下には学年職員と管理職が待機する。

　まさにマイナス２万点からの出立であった。

　　　　　　　　　（長谷川博之の学級通信『まえがき』より）

　おそらく、学級内での生徒たちの言葉遣いも粗く、不平不満や悪口等が飛び交うような状況であったと推察できる。

この状況に対し、長谷川氏は、初日の学級活動で「叱る三つのこと」を伝えている。これにより、心無い言動も含めたいじめ全般を予防していることがわかる。

　学級通信には、学級で語った内容が以下のように綴られている。

> みっつめは、長谷川が叱る三つのことの話です。
> 　１．他人の不幸の上に、自分の幸せを築くこと
> 　２．自分や他人の心や体を傷つけること
> 　３．同じことを３回言っても直そうとしないこと
> これらに対しては厳しく叱ることを予め伝えておきました。逆に言えば、これら以外については基本的にとやかく言わないということです。（第3号）

　このように、年度当初の「黄金の三日間」に宣言し、予防線を張ることで、いじめが起こりにくくなる。

　また、通信にも掲載するということは、「いじめは許さない」という教師の姿勢を、保護者にも伝えているということでもある。

②いじめの定義を共有する

　次に、いじめを具体的な罪名で示すことで、いじめの発生を抑止している。学級通信に、以下の文章がある。

> 　私は「いじめ」という言葉が好きではありません。
> 　その言葉を使うことで、問題点が曖昧になるからです。
> 　私は、「いじめ」を具体的な「罪」の名前で表現します。
> 　たとえば、掃除用具入れに閉じ込めるのは「監禁罪」です。（中略）
> 　悪口を言って名誉を傷つけるのは「侮辱罪」です。
> 　金を持ってこいと脅すのは「脅迫罪」です。
> 　すべて、刑法で規定された「罪悪」です。加害者は逮捕されます。
>
> 　　　　　　　　　　　　　　　　　　　　　　　　　　（第62号）

　他人の悪口を言う行為が、「侮辱罪」という「犯罪」であると言われれば、安易に悪口を言うのをためらうだろう。周りの人間も、「犯罪」であるという認識をもっていれば、それを見過ごすことは減ると考えられる。

　学級全体として、「いじめ」とはどのような行為のことを言うのか、共通

した認識をもっていれば、お互いに抑制し合うことができる。いじめに当たる行為を具体的に示すことで、生徒の中に判断基準を明確に打ち立てているのがわかる。

③より良い行動の仕方を教える

氏は、口にする言葉が人生にどのような影響を与えるか、成功者の書籍を紹介しながら具体的に教えている。生徒の日記に次の文章がある。

> （紹介書籍を読み）「普段自分の口にしている言葉が、いかに周囲に影響を与えているのか意識しなきゃいけない」という所。「言葉の勉強は一生かけてやる」という所。心にグッときました。普段、何気なく言っている言葉。その言葉で、人を笑顔にするのか。たった一言で、人を傷つけるのか。（中略）人に嫌なことをしてはいけません！（第36号）

この日記に対し、氏は、「口にする言葉を一生をかけて変える。心の勉強も一生をかけてやる。そのとおりだと思います。それだけの価値がある修業ですよ。」とコメントし、その大切さを伝えている。

また、脳科学の知見から、「不平、不満、悪口、文句、心配事、許せない」等の言葉を連発したり、いじめをしたりする人間の脳にどんな悪影響が生じるかを教えたりもしている。さらに、次の文章もある。

> （不平不満など）こういう言葉を口にしている人に魅力ある人はいません。魅力のない人には魅力のない人が寄ってきます。そしてさらに魅力を失っていく。「類友の法則」でしたね。（第34号）

手を替え品を替え、口にする言葉を変えていこうとしている。

しかし、それでも心無い言動、暴言等が完全になくなるまでには時間がかかる。前年度まで荒れていた学級であれば、なおさらである。

長谷川氏は、そのような状況のなかでの対処法も伝えている。

> 帰りの会で、「怒り、苦しみ、つらさ等の感情も、表に出そう」と話した。
> 　表に出さないと腹の中で腐って、ガスが充満して、いつか爆発してしまう。溜めて溜めて溜めこんで、いつか大爆発すると、暴力暴言の応酬になるなどの危険もある。

> だから、マイナスの感情を、小さなうちから表に出していこう。
>
> （第114号）

　マイナスの言葉が飛び交う環境下でも心の平静を保ち、冷静に自分の感情を伝えることで、より良い環境を作っていこうと働きかけている。

　言葉遣いは簡単に変わらないからこそ、具体的にどのような行動をすれば良いかを伝え、根気強く指導していくことが大切である。

2 追試実践報告

　以前、私が中学1年生を担任した時のことである。

　小学校時代から、思い付いたことをすぐに口に出してしまい、友人と様々なトラブルを起こしてきたＡ男を担任することとなった。

　長谷川氏同様、学級開きの際に「叱る三つのこと」について話をし、学級通信でも伝えた。その甲斐あってか、しばらくはトラブルにつながる言動は見られなかった。

　しかし、ＧＷ過ぎから、休み時間の様子に、粗暴さが感じられるようになっていた。そこで、道徳の授業で言葉遣いを扱うことにした。「不平、不満、愚痴、悪口、文句」などが口癖になることの悪影響を伝えた。反対に、「感謝します、幸せ、ありがとう、許します」といった言葉を使うことで、人生がどのように好転したのかをエピソードとともに伝えた。授業後も、Ａ男の言葉遣いはすぐには良くならなかったが、周りの生徒が言葉遣いに気を付けるようになり、お互いに注意し合う場面が見られるようになった。

　その結果、Ａ男も言葉遣いを意識して生活するようになり、思ったことをすぐに口走ることは減っていった。

（『長谷川博之の学級通信365日全記録 上巻』より引用）

★★★

　「死ね！」「殺すぞ！」が挨拶になっている生徒が少なくない。「キモイ」「ウザイ」も同様だ。これらのほとんどは「口の暴走」だ。深い意味はない。自制心の欠如なのだ。ならば自制心をどう育むか。身近に自制心のある大人を置く。これが最善である。

長谷川コメント

❸持ち物がなくなったとき

星野優子

1	事件の大きさを認識させる
2	学校全体で対応することを明言する
3	再発防止に努める

1 長谷川氏の実践分析

　長谷川氏が担任した学年で、傘が盗まれるという事件があった。その時、氏は学級通信に次のように書いている。

　まず、悲しいお話です。
　月曜日、貴司君の傘が盗まれてしまいました。
「昨年盗まれたので昇降口に置きたくありません」傘を教室まで持ってきた圭太君の傘は、私が預かりました。
　その話を職員室ですると、数年間働いている先生方から「一昨年はたくさん盗まれた。昨年はかなり減った」という話が出ました。
　その傘が布製だろうがビニル製だろうが、高かろうが安かろうが、そんなことは無関係で、人の物を勝手に取っていくのは「窃盗罪」という犯罪です。
　被害届を出せば警察が現場検証に来て、指紋まで取っていきます。
　そのような犯罪が校内で起きてしまっている。これもまた現実です。すぐに手を打つべき大問題です。
　貴司君、そして傘を購入された親御さん、申し訳ありません。二度と悲しい思いをする人が出ないよう、教師集団で策を講じます。
　　　　　　　（『長谷川博之の学級通信365日全記録 上巻』第15号）

　傘の盗難は、どの学校でも一度は起きたことがあるであろう事件の一つだ。悲しいことだが、人の傘を持って帰ってしまう生徒がいる。

自分のものと間違えて持って帰ってしまった、という可能性を信じたいが、残念なことに、なくなった傘が戻ることはほぼ少ない。

そんな、どの学校でも起こりうる事件だが、長谷川氏の対応を学ぶと、驚くことがある。次である。

> 傘の盗難事件を、学級通信上で公開している。

該当生徒と保護者への連絡はどの教師も行っているであろう。学活や全校集会で全体に話をする、ということもあるだろう。

しかし、「学級通信」に掲載する教師は少ないのではないか。盗難事件という、学校にとっては知られたくない、「学校の落ち度」ととられかねない内容を、文字として残すことはリスキーだからだ。

では、なぜ長谷川氏は学級通信に傘の盗難を載せたのか。

理由は様々にあるであろう。その一つとして、次が考えられる。

> 生徒と保護者に、教師の姿勢を見せるため。

「傘の盗難事件が起きた」ということを、学級通信という、公開される媒体に記載するのは、教師が「盗難事件を深刻なことと捉え、対応しています」という姿勢を示すことにつながる。

今回の事件、そして同僚の先生や生徒のエピソードから、これまでにも学校で傘の盗難が多発していることを知らせ、まず「貴司君、そして傘を購入された親御さん、申し訳ありません」と謝罪をするとともに、「学校全体で策を講じていく」という強い決意を示している。

学校にとっては知られたくない内容だとしても、公開することによって、教師の強い決意、対応しているという姿勢を見せることが、再発防止、そして保護者からの信頼につながるのだろう。

2 「納得させる」がキーワード

長谷川氏の指導のポイントは次だ。

> 傘の盗難という「事件」の大きさを感じさせる。

昨今、子どもたちのモノへの執着は弱い。

「ビニル傘くらいならいいだろう」「みんな同じものを持っているし、バレ

ないだろう」という軽い気持ちで、自分のことしか考えずに人の傘を持って行ってしまうのが傘の盗難であり、盗られた側も「安物だから」とあきらめてしまうきらいがある。

上記のような軽い気持ちで傘を持って行ってしまったのだとしたら、その認識を変えなければいけない。

長谷川氏は、傘の値段にかかわらず、「人のものを勝手に取っていくことの罪」を訴えている。もしも、傘を持って行ってしまった生徒がこの文章を読んだら、自分がしている行為の軽薄さを感じるはずだ。

長谷川氏の生徒指導の特徴として次がある。

> **指導内容を生徒に納得させる。**

これをせずに、ただその行為を叱り、形ばかり謝罪をさせても、生徒は変わらない。

「自分はやってはいけないことをした」という自覚をさせること。そして、「傘を盗むなんてことはしてはいけない」という雰囲気づくりを行うことが、再発防止であり、生徒たちの今後に生きる対応となる。

氏はそのことを分かっているからこそ、「犯人捜し」に主眼を置いた指導をしていない。

もちろん、周りの状況を確認したり、個々の傘を確認させたりするなどして、持って行ってしまった生徒を見つける対応もしているだろう。しかし、「犯人」を見つけ出し指導することだけに躍起になっているわけではないことが、この文章からも読み取れる。

当然、学級でも、通信に書いた内容と同様の話をしているはずである。このような、「犯人」が誰か分からない生徒指導の案件が起こった場合には、教師が生徒の目を見て真剣に話をすることが何より重要と思っている。

以前、長谷川氏が、生徒指導案件について学級に話をしている映像を見たことがある。

氏は決して大きな声で生徒を威圧することはない。穏やかに、生徒に語りかけるような話し方は、生徒指導の案件を話しているとは思えないような姿だった。しかし、その姿には、「決して同じことが起こってほしくない」という長谷川氏の強い想いが表れていた。

学級通信上で呼びかければよい、そのまま同じ話をすればよいという単純

なものではない。教師が、その指導を通して何を伝えたいのかという根本が揺るがないからこそその力強さ、説得力が、そこにはある。

傘の盗難ではないが、ある日、自身の学級で「シャーペンがない」とＡ男が訴えてきた。

「昼休みまではあったので、その後だと思うんですけど……」

教室内・身の周りを一緒に探し、移動教室を見に行かせ、周りの生徒にもかばんの中などを見てもらったがない。

Ａ男は「誰かが取ったのかもしれない」と言う。「他のシャーペンがあるから大丈夫なんですけど」と言いながらもやはり不安そうだ。

学級で全体に語った。

「Ａ男のシャーペンがないそうです。周りも一緒に探しましたが、今現在見つかっていません。疑いたくはないですが、軽い気持ちで誰かが隠したり、持って行ったりしてしまったのかもしれません。シャーペン１本ですが、これも盗難事件です。文房具だって、ご家庭の方が働いたお金で買った貴重なものです。

なくなったこともももちろんですが、盗った人がいるのだとしたら、『人のものを盗る』という行為に何も感じなくなってしまうことが心配です。そういう、人として大切な『心』をなくしてしまう行為を許してはいけません。もしもこの件について何か知っている人がいれば、私にこっそりとでいいので教えてください」

翌日「ありました」とＡ男から報告があった。前日に探したはずの机の中から見つかったのだという。語りが心に響いたのだと信じたい。

★★★

事実を事実として認め、嘘偽りを交えずに情報を共有する。ほんとうの連携はそこからしか始まらないと信じている。学校は往々にして情報を隠す。そして大ごとになってから知らせる。だから信用されないのだ。

長谷川コメント

❹SNSを介したトラブルが発生した時

広瀬　翔

> 1　電子媒体を持たせることの功罪を伝える
> 2　加害者・被害者・傍観者のそれぞれの立場へ働きかける

1　電子媒体を持たせることの功罪を伝える

　長谷川氏の勤務校でネット上でのトラブルが起きた。

　誰かが学校にスマートフォン等を持ち込み、学校生活の時間帯にホームページから流用した画像を発信していたのである。

　事態を重く見て実施された緊急全校集会にて、長谷川氏が全校生徒に向けて語った内容の一部が学級通信に記述されている。引用する。

> 　みずから責任を取れぬ身分の、しかも善悪の判断力の劣る子どもに、自由自在に情報の受信発信ができるツールを与えること自体が、私からすればきわめて異常な行為である。
>
> 　そのことによって生じた問題の責任は誰にあるのか。
>
> 　無論、持たせた者にある。
>
> 　責任には三つある。たとえば被害者への謝罪と賠償、加害者への指導と再発防止といった「行為責任」であり、関係者への「説明責任」であり、その後に起きる関連の出来事への「結果責任」である。
>
> 　これらをわかった上で、すべて自分自身で引き受ける覚悟をもって、子どもにツールを使わせている大人がどれだけいるか。
>
> （『超・積極的指導法』p199・200）

　長谷川氏から大人に対する、強烈な問題提起である。

　スマートフォンやタブレット端末等が普及した現代において、そうした媒体を個人で有している中学生も数多い。

そのような中、その媒体を介して問題が発生した際、その責任は誰にあるのかを長谷川氏は明確に告げている。

もちろんその問題を引き起こした本人の責任は重い。しかし長谷川氏は「持たせたもの」について言及し、三つの責任を説いている。

電子媒体を持たせることの功罪を、長谷川氏はトラブルが生じる前から保護者へと伝えているのである。

他にも、小学6年生の保護者を対象とした入学説明会の折にも話をしている。ネット上での問題が生じた時は「責任は保護者が取る」「もし問題が生じても学校は『支援的な関わり』を行う」と告げているのだ。トラブルが起きた際の学校としての姿勢を明確に示しているのである。

その上でトラブルが生じた際、今回のような毅然とした対応をする。学校としての方針を崩さずに示しているのである。

2 加害者・被害者・傍観者のそれぞれの立場へ働きかける

何かトラブルが起きた際、加害者、被害者、傍観者の三つに立場が分かれる。そのそれぞれに対して長谷川氏は手を打っている。

①加害者への対応

加害者に対しては先の文章にある「三つの責任」を負わせる。

被害者に対しての謝罪を行ったり、物的な損害がある場合には弁償する。また、相手がいることであれば、家族等に対して事の経緯を説明もする。相手方から質問があればそれに誠実に応えることも求められる。

さらに、同じ過ちを行わせないように念押しをした指導もするだろう。保護者とも話をする中で、自由に送受信ができる媒体を生徒に持たせないようにすることも視野に入れる。

別の事例では次のように対応したこともあった。（文責：広瀬）

---

①生徒に反省文を書かせる
②その反省文を保護者に渡し、読んだ感想を書いてもらう
③保護者が書いた感想を、生徒自身に音読させる

保護者からの反省を読み進める途中、その生徒は涙を流して心から反省したようだった。生徒に合わせて対応は様々であるが、その生徒がトラブルを反省し、再発しないように対応することが求められる。

②被害者への対応

　長谷川氏は、いじめ指導で被害を受けた生徒に対し、全力で守ることを宣言し、それを実行する。

　ある研修会において、長谷川氏がいじめを受けた生徒を守る覚悟と、それらを実現する方策について綴った通信の一端を聞いたことがある。

　その力強さから、他の保護者から「やりすぎではないか」（文責：広瀬）と心配されるほどであった。

　しかし、長谷川氏はそうした保護者に対して次のように告げた。

自分の子どもが同じ目にあった時、同じように言うのか（文責：広瀬）

　長谷川氏のこの言動から「徹底して被害にあった生徒を守る」というぶれのない信念が感じられる。生徒が不利益を被ることがないように、全身全霊で守るのだ。被害生徒が安心して生活できるようにするため、教師が覚悟を持って生徒を守り切ることが大切である。

③傍観者への対応

　長谷川氏は傍観者の危機意識を引っ張り出すため、冒頭の学級通信の続きで次のように投げかけた。

　もう一点、大事なことを指摘しておこう。

　上記の「発信」を行った者について指導するのは当然のことである。

　だが、指導されるべきは他にもいる。誰か。

　そのような情報を「受信」しているにもかかわらず、見て見ぬふりをしたり、煽（あお）ったりしている者たちである。

　本校の生徒が関係するネットグループは数件あるが、大きいもので一年から三年まで四十名超が所属するグループもある。

　その約四十名のほぼ全員は、今回の件を知っているわけである。

　知っていて、アクションを起こさないわけである。（このままではいけない、何かしなければと考えている人がいることはわかっているし、信じている）。

　これは由々しき事態ではないか。共に学び共に磨き合う仲間への裏切り。そして、信じる教師への裏切り。そして、家族への裏切り……。それをしていて、平気でいられるか。（前掲書p200～201）

傍観者に対し「あなたも無関係ではない」という自覚を促している。

その意識をより強めるべく、長谷川氏は別の学級通信で傍観者を次のように分類している。

> 人の悪行を傍観し楽しんでいる者　平和を嫌い混乱を望む者
> 火に油を注ぐ者　裏で糸を引く者　自ら引き金を引く者
> ──「研究資料」より

傍観者という存在を、具体的に示しているのだ。

こうすることで周囲の生徒は「自分もこのトラブルに関わっていたのではないか」という意識が芽生え始める。自らの言動を振り返らせることで、次の問題が生じないような布石を打っているのである。

また、別の機会には、生徒に対しソーシャルメディアに関する授業を実践している。利点に触れつつ、スマートフォンの弊害について考えさせ、問題意識を喚起した。

さらに、メディアリテラシーに関する全校集会も開催した。その場面にもある考え方が貫かれていた。長谷川氏から聞いた話の一部である。

> 学校によっては携帯電話会社の方を招く場合もあるが、彼らはあくまで携帯電話やスマートフォン等を「持った上でどう付き合うか」に主眼を置いている。
> 「トラブルが生じる可能性があるのだからそもそも持たせない」という視点に立つ私は、警察をはじめとする関係諸機関の方を招く。
> 全国で起きている具体的な問題事例を次々と紹介する中で、生徒達に予防的アプローチを図っている。(文責:広瀬)

こうした策を幾重にも巡らせてSNSを介したトラブルを抑止している。すべては安心安全な学校生活を保障するためである。

★★★

長谷川コメント

スマホ所持に関する私の考えは当時と少々違っている。現在では持たせないことを前提にしていない。しかし、主たる責任が保護者にあるとの考えはまったく変わらない。持たせた後にこそ責任を持て、である。

❺「いじめられている方にも問題がある」という訴えにどう応えるか

原田涼子

1	いじめに対する教師の考えを伝える
2	いじめている側の言い分を受け止める
3	行為の再発防止に努める

　長谷川氏の学年で、傷害事件が起こったことがある。そのとき、長谷川氏は学級通信で次のように述べている。

> 　二年生のある男子が、別の男子をハサミで傷つけてしまったという。
> 　傷を手当てし、関係者（広い意味で十数名いるが、主な関係者４名）に話を聴いた。その後校長室で報告をすり合わせ、事実を確認した。
> 　傷害という行為は、無論あってはならないことだ。
> 　だが、彼が傷害に及ぶには、それ相応の理由があった。
> 　問題の根本には、
> 　黒雲のように二学年を覆う差別の構造
> 　被害者になった時だけ泣きわめき、後は知らんぷりの、無関心的態度
> 　このふたつがある。一言で言えば、差別による心身への加害があるのに、周りが無関心であるという問題だ。（第118号）

　まず、長谷川氏は事実を伝えている。事件の経緯を赤裸々に述べていく。そして、「傷害という行為は、無論あってはならないことだ」と述べている。

　　いじめに対する教師の考えを伝える。

　だから、その後の指導の方針が明確になっていく。

　長谷川氏は、いじめが起こった場合の対応として、「いじめられた側の味方に徹する」「いじめられている側にも問題があるかもしれないが、守るの

が先だ」と述べている。まずは、いじめられた側を必ず守るという姿勢が重要である、と。

　だが、長谷川氏の場合は、それだけではない。

> いじめている側の言い分を受け止める。

「彼が傷害に及ぶには、それ相応の理由があった」と、いじめている側の言い分も認めているのである。

　学校で起こるいじめの中には、必ずしもいじめている側が悪いとは言いきれない場合がある。

　例えば、ある生徒が、いつも悪口を言ってくる生徒に対し、無視をするようになったとする。そのとき、無視された側が「いじめられた」と訴えても、無視をした側には「いつも悪口を言ってくるから、無視をするようにしているんだ」という言い分がある。

　これを聞かずに、いじめた側を頭ごなしに叱ってしまうと、かえって反発したり、教師に不信感を抱くようになってしまう。ゆえに、いじめている側の言い分も受け止めることが重要なのだ。そうすることで、いじめている側も、「どんな理由があっても、いじめという行為はいけない」と、自分たちの行為を反省することができるのである。

　学級通信の続きには、次のように述べられている。

> 私達は被害者を全力で守り、加害者に真剣に指導し、解決を目指すことを誓った。（第118号）

　これが、長谷川氏のいじめの指導の方針である。この方針に沿って、いじめの指導が行われているのである。

2 いじめた側への指導

　いじめが起こったとき、私たち教師は、いじめられている側に事情を聞く。それを元に、いじめている側に事実確認をし、事実を認めた場合は、同じことを行わないように指導する。

　基本的に、いじめはどんなことがあっても行ってはいけないことであり、いじめた側が悪いということになる。ゆえに、教師はいじめている側に厳しい指導をすることが多い。

いじめた側は、徹底的に叱られ、時には罰を与えられるために「自分たちは悪者だ」「人格を否定された」と捉えがちである。

そうではないことを、私たちはどのように伝えればよいのだろうか。

次は、長谷川氏の学級通信の続きである。

> 私は一部の人達のためだけに仕事をしようなどと思っていない。
>
> つらい思いをしてきた人達が幸せになり、つらい思いをさせてきた人達が不幸になる。そんなことは望まない。
>
> よって、つらい思いをさせてきた人達を一方的に糾弾し、排除するような仕業はしていない。
>
> やっているのはひとつ。是々非々の対応である。
>
> 良いことは良いと認め、称賛する。そして、広める。
>
> 悪いことは遠慮なく悪いと指摘し、改善を促す。広がりを阻止する。
>
> すぐにでも止めるべき行為には、強制力を働かせても止めさせる。
>
> 私が目指すのは全員の成長であり、全体最適である。（第119号）

長谷川氏は「つらい思いをさせてきた人達が不幸になる。そんなことは望まない」と断言している。また「一方的に糾弾し、排除するような仕業はしていない」とも述べている。

長谷川氏が追及しているのは、あくまでいじめた側の「行為」である。いじめた側の人格を否定したり、排除したりすることではない。

> 指導の目的は、「行為の再発防止」である。

そのことを、学級通信を通して明確に伝えることで、いじめた側の生徒が怯えたり、不安になったりするのを防いでいるのである。

3 追試実践報告

中学2年生を担任したときのことである。二人の男子がトラブルを起こした。A男は衝動性が強く、攻撃的な発言が多い生徒だ。1年のとき、からかい続けた生徒が不登校になり、加害者はA男だということになった。他にもトラブルが多く、学年で悪者扱いされていた。

B男は空気が読めず、場にそぐわないところで好きなガンダムの話をしてしまう。A男はそれを「キモい」「おかしい」とバカにしていた。

ある日、B男が「これはいじめだ。お母さんにも相談したが、いじめだと言っている」とこちらに訴えてきた。

B男に詳細を聞き取り、A男に事実確認をすると、言ったことをすぐに認めた。だが「B男がおかしいんすよ！すぐガンダムが〜とか言って。キモいんすよ。あいつに問題があるんすよ」と言った。

A男の言いたいことをすべて受け止めた上で、次のように告げた。

「A男の思いはわかったよ。ただ、『キモい』とか『おかしい』という言葉は、相手に言っていいこと？」

A男は「違う」と答えた。

「そうだよね。相手が傷つくよね。A男、去年、すごくつらい思いをしたよね。『キモい』とか『おかしい』とか言うのをやめないと、また相手をいじめたことになっちゃうよ」

あくまでA男の「行為」に限定して、話をした。

A男は神妙な面持ちで話を聞き終えると、去年のようになるのは嫌だと言った。そこで、A男に反省したことをどのように行動で示すかを聞くと、B男に謝ると言い出した。

> 反省を表す行動を、いじめた側に決定させる。

自分で決めたことだからこそ、誠意をもって行動できるのだ。

A男は、真剣な表情で、自分の発言を謝った。すると、B男も「二度と言わないならいい」と許した。A男はその流れで「でもさ、B男も別の話してるときに、急にガンダムの話すんのやめろよ」と言った。B男も「それはごめん」とすんなり謝ることができた。

（『長谷川博之の学級通信365日全記録 上巻』より引用）

★★★

ハサミで傷つけた男子は「いじめの加害者」ではない。逆だ。周囲から馬鹿にされていた。それで「キレた」のだ。差別の構造の被害者なのだ。再度学級通信本上下巻を読み込んでほしい。指導の目的が「再発防止」にあることは事実だ。だから双方を納得させる指導が要るのだ。

❶前年度から不登校だった生徒への対応

森田健雄

1	焦らずに続ける
2	登校できるようになってからのことも考えておく

1 長谷川氏の実践分析

　生徒が前年度から不登校だった場合、会うことさえ難しい場合が多い。だが長谷川学級・学年では、そういう生徒も学校に来られるようになり、自分の進路選択をして卒業していく。なぜそうなっていくのか。

　まず私が考えたのが以下のことだ。

> 焦らずに続ける。

　長谷川学級にＴ男という生徒がいた。この生徒は小学校から休みが多く、不登校状態になっていた。もちろん中学生になってからも、大きく改善されることはなく、不登校状態が続いていた。中学３年生で長谷川氏が担任した時も、学校に毎日登校できるような状態ではなかった。

　長谷川氏はこのような生徒を担任した時に、何を続けたか。今回は以下のことについて詳しく書いていく。

①	自ら生徒に会いに行く
②	その生徒が確実にできることから行っていく
③	一緒に登校する

　まず長谷川氏が行ったことは、Ｔ男に会いに行くことだった。不登校状態が長く続いている生徒は、学校に来るように突然促しても来ることは難しい。そういう生徒に会えるようになるには、家庭訪問を行うのが一番良い。だから長谷川氏は、自ら生徒に会いに行くのだ。

長谷川氏は何度も家庭訪問をしてT男と関わる時間を多くしていった。そしてT男ができそうなことは何かを考え続けた。

　最初から生徒にばかり変容を求めていると不登校対応は上手くいかないことが多い。家の外に出ることはできるのか、一緒に学校まで行くことはできるのか、授業は何だったら出られるのかなど、長谷川氏は対応を考え続けた。

　少しずつ会えるようになってから、長谷川氏は登校刺激をT男に与え始めた。T男は家庭が複雑な状況で、学校に来る気力がなくなっている生徒だった。

　そこで長谷川氏は、学級での出来事を中心に楽しい話をして、学校への楽しいイメージをT男が持てるようにした。話をするうちに、T男も学校に行きたいと思えるようになったようだが、一人で登校することは難しそうだった。そこで長谷川氏はT男と一緒に登校することにした。

　T男が学校に行けそうな時間に家庭訪問をして、一緒に学校に登校したのだ。

　一緒に登校することにもポイントがあった。学校が近くなったら教師は先に学校に行くということだ。これには二つの意味がある。

---

① 　T男に、自分で学校に行けたという成功体験を持たせること
② 　クラスの生徒に、T男が登校してくることを伝えること

　不登校生徒にとって、自分で登校できたということは大きな自信になる。教師が途中まで一緒に来ていても、最後は自分で登校できたのなら、それも成功体験になる。

　また、教師が先に教室に行って、生徒に声をかけておけば、T男が来た時に「なんで来たの？」など、気持ちを落ち込ませるような声かけはなくなる。この時も、教室にいた生徒がT男を笑顔で迎え、T男も笑顔で過ごせたという。これが可能になったのは、長谷川氏が日頃からT男が登校してきた時のことを生徒に伝えていたからだろう。

　不登校生徒が登校できるようになってからのことも考え手を打っておく。

ということも大事なことだ。

　長谷川氏が次に考えていたのは、T男に将来への希望を持たせるということだ。中学校に登校できるようになることがゴールではない。その後、自立して生きていける力をつけることが大事だ。だから長谷川氏は卒業後のことも考えて手を打っている。卒業させて終わりではないのだ。長谷川氏はT

男に以下のことを行った。

> 卒業後のイメージを具体的に持たせる。

　T男は低学力であり、金銭的にも厳しいことから、高校進学については考えていなかった。だからといって就職を希望しているわけでもなく、将来に対する希望を持っていなかった。そういう生徒が卒業した後、どうなってしまうか、長谷川氏には容易に想像がついたのだろう。

　長谷川氏は具体的に次のようにイメージを持たせていった。

> ①　進学しやすい方法を提案する
> ②　生徒が一人でできるところまで手伝う
> ③　大人が働いている姿を見せる

　まず長谷川氏はT男に定時制高校を勧めた。しかもその定時制高校は給食付きだ。この高校に進学できれば、昼間は働いて、そのお金で給食費も学費も払いながら勉強することができる。

　それまでは、昼間に高校に通うことしかイメージしていなかったT男が進学に興味を持ち始めた。さらに、長谷川氏は一緒にその高校に見学に行き、入学した後のこともイメージできるようにした。

　また、T男が自分でお金を稼ぎ生活していけるようになるには、仕事についてもイメージを持たせることが大事だと長谷川氏は考えた。だから実際に働いている大人がいるところまでT男を連れて行った。

　T男は車に興味を持っていたので、長谷川氏がT男と向かったのは、自動車整備場だった。長谷川氏が車検などでいつも使っていた自動車整備場だったので、社員の方が、T男に丁寧に仕事の説明をしてくれた。それだけではなく、帰りには車に関するパンフレットなどもたくさんくれたのだった。おかげでT男は、自動車に関わる仕事をイメージすることができた。この後、T男は見学に行った定時制高校にも合格し、卒業式まで学び続けることができた。

　長谷川氏は、生徒に助言をして終わりにはしない。どこまで手伝えば、生徒が一人で動けるようになるかを考えて行動している。だから不登校生徒が登校できるようになるのだ。

　ある年、K男という生徒を中学3年生で担任した。怠学傾向があり、中学2年生の途中から、夜は友達と遊びまわり、朝帰宅、学校に登校すべき時間には家で寝ていて、また遊びに行くという生活をしている生徒だった。長谷川氏から学んだ以下のことをK男にも行った。

---

① 　自ら生徒に会いに行く
② 　楽しい話をたくさんする

　まずは、K男に会えるように、家庭訪問を行うことにした。最初は夕方に行っていたのだが、K男は遊びに行ってしまい、ほとんど会えなかったので、授業の空き時間に家庭訪問をすることにした。

　昼間に行けば、K男と会うことはできた。しかし登校する意思はなかった。そこで家庭訪問の際はクラスや学校の楽しい話をたくさんした。

　K男はまだクラスの生徒の名前すら憶えていなかったので、クラスの生徒の名前を憶えてもらうためにも、たくさん話をした。

　同時にクラスの生徒にも、K男と会った時の話をするようにした。その方がK男が学校に来られた時に、周りが受け入れやすいだろうと考えたからだ。

　K男は2学期に少しずつ登校できるようになってきた。事前にK男のことをクラスに話しておいたことも功を奏し、登校したK男に対し、周りは明るく接してくれた。

　K男は3学期には毎日登校できるようになった。しかし、勉強をほとんどしてこなかったので、授業に全くついていけていなかった。これでは、高校に進学しても、すぐに辞めてしまう。K男が入れそうな高校を一緒に探し、点数がとれそうな科目を選び、補習を行った。

　卒業式にK男からもらった手紙には、『先生やクラスのみんなが家に来たり、明るく接してくれたりして、本当に嬉しかった』と書いてあった。

★★★
　不登校対応の第一歩は方針の決定である。大前提として正確なアセスメントが必要だ。生徒の置かれた状況が不登校のどの段階にあるか。本人の希望は、保護者の希望はどうなのか。見極め、方針を立てるのだ。

長谷川コメント

❷不登校になりそうな子への予防的アプローチ

星野優子

> **1** 小学校段階から関わる
> **2** 職員の授業力を高める
> **3** 発達検査を有効活用する

1 小学校段階から関わる

　担任としての関わりは次節にて記載があるため、本稿では長谷川氏の学校をあげての取り組みについて分析する。

　中学校で不登校になる生徒は、小学校時代からその芽が見られることが多い。長谷川氏は小学校で登校が安定していない６年生児童（広汎性発達障害の診断あり）に対し、入学前に次を行っている。

---

①小学校６年生11月　校長室にて保護者と面談。

②「発達障がい児本人の訴え」（教育技術研究所）を保護者にプレゼントし、学習会の提案。

③週１回の家庭訪問の実施（『TOSS特別支援教育誌13号』p37）

　小学校で不登校の児童がいたとして、入学前にここまでの対応を行っている学校は聞いたことがない。

　教員が該当児童の情報を得ると同時に、「中学校の先生がここまでしてくれるのだ」という保護者・本人の安心感にもつながる。これが、不登校の大きな予防になることは間違いない。

　さらに、この児童のために中学校では次を行ったとの記述がある。

---

④広汎性発達障害の特徴と対応の工夫について研修を実施

⑤両親を招いて中学校側の考えを伝え、指導の目標を伝える会を開催

　事前にいくら手を打ったとしても、中学校に入学してからの対応が何も施されないのでは不登校になる可能性が高い。

　また、「不登校の傾向があるお子さんなので配慮しましょう」と職員に伝えただけでは何も変わらない。

　冒頭の生徒は、中学校では不登校になることなく、３年間を無事に終え、希望の進路に進むことができたという。不登校になる可能性がある生徒に対応する準備を、学校全体で取り組んでいるからこその結果と言えるだろう。

2　職員の授業力を高める

　長谷川氏は中学校から不登校が増える原因の一つとして次を挙げる。

> 　生徒の理解を度外視した一方的かつ強引な授業である。これは、毎時間失敗体験を量産する元凶である。（前掲書p36）

　中１ギャップの一つとして挙げられるのが「小学校に比べ、授業の進みが速い」ということだ。内容も格段に難しくなり、ペースが上がる。定期テストでは小学校時代のような点数が取れず、落ち込む生徒も少なくない。

　学業の遅れは自己肯定感を下げることになり、不登校にもつながる。

　中学校で過ごす時間の大半は「授業」だ。その授業が生徒にとって苦痛なものとなるのであれば、不登校が減ることはない。

　そこで長谷川氏が学校に取り入れたのが「模擬授業研修」である。

　職員の授業力向上を目指す研修であり、職員が５分程度の模擬授業を行って職員同士がコメントをするというものだ。

　例えば、次のような視点で相互にコメントを行う。

> 「授業を見る視点・する視点」
> ①一度にたった一つの指示を出している。
> ②無駄な言葉がない。
> 　　　　　（以下、⑩まで『学校を「荒れ」から立て直す！』p25参照）

このような、教科の枠を超えた共通の視点でコメントをしあうことによって、全職員の授業力を向上させているのである。加えて、長谷川氏は授業にコメントをする際、時に次のように話すという。

> 「今の授業をした時に、先生のクラスの〇〇くんは、『えっ？』って顔をしませんでしたか？」（文責：星野）

これは学級に在籍する、学力の低い生徒や発達に課題を抱えている生徒が授業についていけなくなることを示唆するコメントである。

長谷川氏は意図的にこのようなコメントを行い、職員に「模擬授業研修とは教室の〇〇くんにも分かる・できる授業をするために行っているのだ」ということを自覚させている。「職員の授業力向上」は、不登校予防における大切な視点の一つである。

3 発達検査を有効活用する

不登校になる生徒の中には、発達に課題を抱えている生徒が少なくない。学校内で発達が気になる生徒がいたときに、ＷＩＳＣをはじめとする発達検査を行う学校も増えているだろう。

しかし、発達検査を「とって終わり」「数値だけ見て終わり」となってしまう事例もある。検査がその後に活かされないのである。

長谷川氏の場合は違う。発達検査を行った後には、個々の生徒のプロフィールを作成し、保護者の許可をとったうえで職員で共有し、該当生徒への対応についての研修を開くという。その研修こそ「ケース会議」なのだ。一般的な「井戸端会議」とは全く違う中身となる。

長谷川氏は次のように話す。

> 知能検査とか様々な検査によって、その子の強みと弱みを把握し、今後の方針を立てて、指導計画の作成までいくのが、学校の義務です。
> （『TOSS特別支援教育誌14号』p24）

このことにより、生徒への支援が手厚くなる。

学校生活において彼らが困難を感じる場面を減らすとともに、重点的に力

をつけるべき場面を明確にし、支援の手立てを打っていることが分かる。我々がこの取り組みを行う場合には、スクールカウンセラー等の力を借りれば実施可能だ。

　事前の対応、専門的な検査・アセスメントによる実態把握、そして、授業を主とした学校生活における困難の軽減。このような予防的な対応が幾重にも重なり、「不登校０」の学校づくりが実現するのである。

4　追試実践報告

　ある年、勤務校に、広汎性発達障害の児童が入学してくることが分かった。小学校では不登校・図書室登校を経験してきている男子である。生活における様々なこだわりも多い。

　そこで、入学前に保護者・本人と面談を行った。次の流れである。

①12月　保護者面談　管理職を交え、小学校時代の様子、本人の特性、中学校に求めることを聞く。

②２月　保護者面談　管理職を交え、中学校で対応可能なことを伝える。保護者の希望を聞く。

③４月　本人・保護者面談　中学校での生活について話す。校舎内を一緒に周り、学校の様子を知るとともに、入学後１週間のスケジュールを伝える。

　特に効果的だったのが③の「１週間のスケジュールを伝える」である。入学後の日程は特別日課が続く。見通しが持てない生徒にとっては不安な１週間である。朝の登校から学活で行う予定の内容、給食の始まりから部活動見学、放課の時間まで、一覧にして渡したことにより、中学校最初の１週間を無欠席で過ごすことができた。

　先を見通し、先手を打つことが、不登校の予防になる。このことを、長谷川氏の実践からも、自身の経験からも、実感している。

＊＊＊

　その生徒のニーズの在処を知ることである。そして、ニーズに即応した具体的な支援を意図的・計画的・組織的に積み重ねることである。その支援は主として授業中に為される。１日の大半を占める授業でこそ、成功体験を保障するのである。その取組が不登校を予防する。

長谷川コメント

❸ 登校をしぶるようになった生徒への対応

伊藤圭一

> 1 早期対応を心がける
> 2 適切な登校刺激を与える
> 3 本人を取り巻く環境を整える

長谷川氏の不登校生徒への対応には、以下のような強い信念が前提としてあると考えられる。

> 学校という場でなければ学べないことが確かにある。

フリースクール等の代替機関にも行かず、家に引きこもっていては学べないことが学校にはある。家から一歩外に出て、社会の中でしか学べないことがある。その第一候補として、学校がある。

学校生活を通しての生徒の成長を信じているからこその言葉である。教師による強い覚悟が不登校生徒への対応にも現われていく。

長谷川氏にはその覚悟があったからこそ、学校全体を巻き込み、結果として不登校解消に向け対応できる組織を確立したのだと考えられる。

以下、長谷川氏の不登校生徒への対応について、三つの観点から述べていく。

1 早期対応を心がける

長谷川氏は生徒の欠席に非常に敏感である。

> 不登校というのは、その子が一日休んだ、二日休んだという場合、二日目の段階でもうシグナルです。あるいは、連続で休まないけれども、あれ、今週の月曜日は休みだな、先月も月曜日に休んだことがあったな、と気づいた段階で、家庭も巻き込んだ形でやっていく必要があります。
>
> (『超・積極的指導法』p226)

欠席２日ぐらいであれば、体調不良が続いているのだろうと思う教師もいる。しかし長谷川氏はその異変を見逃さない。初期の対応が早ければ早いほど、不登校に陥らず、回復していくことが多いからだ。

初期を見逃してはならない。生徒の異変に対して敏感になることが必要なのである。そこで、長谷川氏の学校では、

> 初期対応を教師個人に任せるのではなく、学校のシステムとして取り入れている。

例えば、病気、入院などの場合以外で、生徒が１日休んだら電話連絡をし、３日休んだら家庭訪問をする。

このように全体で原則を決めて対応をすることで、組織として生徒の異変をキャッチするとともに、早い初期対応ができるようになる。

2 適切な登校刺激を与える

早期の対応を心がけていても、欠席が続いてしまうこともある。
「不登校は事情も対応策も千差万別だ」と長谷川氏は言う。そこで保護者、関係機関、管理職と連携を図りながら方針を立て、あらゆる策を講じていくことになる。たとえ不登校が続きそうだとしても、教師があきらめずに対応していくことが大切である。

不登校の指導について長谷川氏は以下のように述べている。

> 私は教師の仕事というのは様々な形で登校刺激を与え、登校意欲を育むことだと考えています。（前掲書p227）

基本的に登校刺激を与えていくのである。前掲書には、仮に医師から「登校刺激をするな」と言われた場合、なぜしてはいけないか、いつからなら、いかなる形でなら登校刺激をしていいのかを長谷川氏は聞くという。そして、教師が関わること自体が登校刺激だとして、それを駄目だと医師が言うならば、おそらく従いません、とまで長谷川氏は述べている。教師として、目の前の生徒への強い責任が感じられる。

そのような思いの現れとして、長谷川氏の実践には、家庭訪問を100日連続で行い、その後登校につながっていったという実践があるのであろう。「連続100日」という行動にも驚くが、おそらく一回一回の生徒本人とのやりと

りを通して、生徒の登校意欲を少しずつ刺激しているはずである。決して無理して登校を促すことはしない。長谷川氏の実践から次のように学んだ。

> 適切な登校刺激とは、生徒が現時点でどこまでできるのかを探りながら対応することである。

3 本人を取り巻く環境を整える

強い信念があったとしても、それが具体的な方策となり、不登校解消に繋がらなければ意味がない。次のようなことも大切だ。

> 不登校の生徒本人以外の部分にもアプローチする。

不登校の原因を探り、学校に少しでも足が向くように、様々な場面でスモールステップによる指導を組み立てていく。

例えば長谷川氏の実践には、公民館で特設の適応指導教室を開いたというエピソードもある。登校に抵抗を感じる生徒のために、学校復帰までの間にさらにもう一段のスモールステップを設けたのである。公民館に教員や相談員が出向き生徒に対応する。そうすることで、次のステップとして登校へとつなげられる。

不登校生徒の保護者へもサポートしていく。保護者の気持ちに寄り添い、抱える悩みを聞く。時には生徒のために必要な支援をお願いすることもあるかもしれない。保護者との連携を密にとることは生徒の学校への復帰に欠かせない。

また学級の生徒にも必要であれば事情を説明し、受け入れ態勢を整えていく。休みがちな生徒が相談室に来たのであれば、仲の良い生徒が話しに行ったり、給食を一緒に食べに行ったりする。学級とのつながりを切らさないように、少しでもできる工夫を重ねていく。このようなサポート体制を作っていくことも大切になってくる。

4 追試実践報告

中学3年生Y（男子生徒）の家庭は父子家庭でありながら、父親が単身赴任であり、祖父母がYの面倒を見ていた。6月頃、突如休みがちになった。原因は不明。振り返るとこの時の私の早期の対応が不十分であった。周りの

情報を正確に収集できずにいた。10月下旬になり、再び欠席が続いた。今回の欠席は前回とは異なり、家出騒ぎとなった。1週間、連絡が取れず、父親も警察に捜索願を出した。父親と話す中で、家出の理由が分かってきた。父親との進路に対する意見が合わなかったという。その後Yは戻ってきたが、早急に対応策を練る必要があった。

　管理職、生徒指導主任らと話をし、主に以下の2点を確認した。

> 　父親との面談機会を作ること。
> 　学校にYの居場所を作ること。

　平日は父親と電話で連絡を取り合い、休日は実家に戻ってきてYと過ごす時間をとってもらった。休むたびに家庭訪問をしたり、父親へ連絡を入れたりしたことで、欠席が続くことはなくなった。親子で進路についての話ができてから、Yは父親の言葉を比較的素直に聞いていた。

　あとは学校で何ができるか。学級でのYの居場所を作るために様々考え実行していった。転機となったのは合唱祭である。Yは遅刻したり、休んだりすることもあったが、私はとにかく合唱の練習には参加させた。合唱祭当日。Yは遅刻しながらもやってきて、ステージに上がって歌うことができた。その後、Yは、12月は1日も休むことなく登校できた。学級では友達と楽しそうに話すYの姿を見ることができた。3学期、Yは父親がいる他県の高校への進学を目指し、そして見事合格し、卒業していった。

> 　このケースでは、家庭との連携をとったことと学級での本人の居場所があったことが、欠席の長期化を防いだ要因になったと考えている。

★★★

　令和元年秋に発した通知により、文科省はいわゆる「平成の4通知」を廃止した。ポイントは、不登校の児童生徒の「学校復帰」を前提としていない点である。しかし、当該児童生徒に復帰が必要であり、本人も保護者も望むのであれば、復帰させるべきである。学校の責務である。

長谷川コメント

5章 「不登校」における指導の極意

4 別室ならば登校できる生徒との 付き合い方

新井　亮

1	教室へ行きたいと思う気持ちにさせるまで待つ
2	目標を共有する
3	自己肯定感を高める

1 心構え

　別室ならば登校できる生徒と付き合う時に長谷川氏が大切にしていることは何か？　長谷川氏は次のように言う。

> 最初にやる事は「その子が何を求めているか」
> その子が行きたいという気持にさせるのが仕事。

　私たちは、「別室まで行けたのだから、そのまま教室には行ってほしい」という思いが強くなる。その上で生徒に様々な声掛けをする。こちらとしては生徒のことを思っているつもりである。しかし、それでは教師側の気持ちだけを優先して、大事な本人の気持ちを置いてけぼりにしてしまっている。大事なのは教師が「その子が何を求めているか」を知ることである。

　もう一つ、不登校支援を行う上で教師が大切にしなければならないこととして長谷川氏は次のように言う。

> 待つ姿勢をもつ。

　これは「教師が生徒の教室へ行こうとする意欲が出るまで待つ」ということだ。長谷川氏は決して焦って生徒を教室に行かせることはしない。

　不登校の生徒は何かが不安だったり、何かが嫌だったり不登校になっている原因があり、それを解決してほしいと思っている。ならば、それを言ってもらいたい。と教師側は思ってしまい、つい本人に「何が嫌だったの？」などと質問を投げかけてしまう。

しかし、それができるのならば、不登校にはなっていないのだ。だからその子に大人に「言おう」と思う意欲が湧いてくるまで待ってあげることだ。

何もせずに「待つ」のではない。それはただの「放置」になってしまう。前述したように、生徒の自己肯定感を上げる授業、褒めること、本人が喜ぶ話などをして、結果を焦らずに「待つ」のである。

2 目標の共有

長谷川氏は、別室なら登校できる生徒とどのように関わっていたのだろうか。長谷川氏は次のように言う。

> 不登校になった生徒と一緒に目標を立てる。

目標には「長期目標」と「短期目標」がある。「長期目標」は1年後の目標で「短期目標」は1、2か月後の目標である。

具体的な目標として何を立てるのだろうか。

長谷川氏は生徒に次のように話していた。

> 「何か月後にはこうなっていよう、そのために相談室を使おう」
> 「何月にはこういう状態になっておこう」
> 「本人が疲れたら休む日を作る」

あくまで、別室は教室に向かうためのステップなのだ、ということを生徒と確認し、その上で具体的に「短期目標」と「対策」を決めている。おそらく「目標が達成できなかったときにはどうするか」ということも生徒と一緒に話し合うのだろう。目標の内容は目の前の生徒の状態によるのだと思う。つまり、目標の立て方として

> ①　相談室を使う意義の確認
> ②　短期の目標と対策を考える
> ③　できなかった時どうするかを考える

という順番で行っているのだと予想できる。

別室登校になった生徒が「行きたい」という気持ちにさせるために具体的に教師ができることは何か？

長谷川氏の実践として次がある。

> その子が喜ぶ話やその子の良さを認める話をする。

喜ぶ話とは何か？　長谷川氏は実際にはその子に「どんな話を聴きたいか？」と聴いていたようだ。その子の良さを認める話とは何か。おそらく、本人の得意なことの話などを見つけてそれを本人に伝えていたのかもしれない。

私たちは目の前の生徒が喜ぶ話をするのはすぐにはできないかもしれない。そんな時には、長谷川氏の「中学生にジーンと響く道徳話100選 ―道徳力を引き出す"名言逸話"活用授業」（学芸みらい社）がおすすめである。生徒が喜ぶ話が100も200も掲載されている。

他にも不登校の生徒には次のことを行うのだと話していたことがある。

> 「来てくれてありがとう」と伝える。（文責：新井）

「『ありがとう』は相手を褒める言葉になる」と長谷川氏から教えてもらった。

不登校の生徒に対して、別室にも来てくれたことに関して感謝する。これだけで不登校の生徒を褒めることができる。

長谷川氏は生徒の自己肯定感を高めながら信頼関係を築いている。それは、本人が「教室に行きたい」と思うまでだ。結果として教師との信頼関係も築かれる。

信頼のある大人だから生徒も心を開く。そして自分の求めていることを話してくれるようになっていく。このように、長谷川氏は生徒の良さを認めたり、励ましたりして自己肯定感を高めているのだ。だから、教室へ向かう意欲が湧くのだろう。

小学校2年生の担任をしていた時、不登校支援をしていたR君がいた。学

校に来ても、パニックになって教室には入れない状態だった。

ポイントは

> 本人が教室へ行きたいという気持ちが出るまで待つ。

ということだった。私は保護者と本人と登校の目標と立てた。

> ① 週5の内3回登校する。
> ② 本人が行ける所までで良い。（校門で帰っても良い）
> ③ 夏休みまでに、1回は教室で過ごす。

　図書室から教室へ行くことはできなかったが、図書室になら週3、週4回と来られるようになってきた。図書室ではR君が好きなゲームの話をすることにした。

　R君に質問をする。「昨日は、ゲームやった？」R君は「やったよ」と話してくれる。ゲームの話で一緒に楽しい時間を共有することができた。そして、目標を少しずつ達成してきていた時には「もうちょっと頑張って教室まで来られないか」と言いそうになる。しかし、言わずに笑顔で関わることを続けて行った。来てくれた時には笑顔で「ありがとう」と伝えることを忘れなかった。

　ある日、R君が「教室に行ってみようかな」と言った。たった1時間だけだ。しかし、夏休みまでに1回教室に行くという目標を達成することができた。

　12月になると教室に行けるようになった。

　そして1月の後半には朝から帰りの会まで教室に居られるようになり、2年生の最後まで週5で教室に来られるようになっていた。

（―「研究資料」より）

長谷川コメント

＊＊＊

　人間関係を主たる理由として教室に入れない生徒がいるとする。その場合教師の為すべきは二つである。一つは自由、平等、自治を重んじる学級集団形成である。もう一つが別室での教育活動の充実である。本人の興味関心に沿った活動と学力保証の学習活動とで組み立てるのだ。

5章 「不登校」における指導の極意

5 関係機関を巻き込んでの具体的対応

新井　亮

> **1** 関係機関を把握する
> **2** 学校が主体となって連絡をし、支援目標を立てる
> **3** 学校と家庭で、それぞれできることを決める

1 長谷川氏の連携

　長谷川氏は1年間を通じて、様々な機関と連携をしていた。

　長谷川氏が、どのように関係機関と連携しているか、まず見ていく。氏が、関係機関と連携している記録を著書から一部抜粋して紹介する。

4月第4週	臨床心理士とのスクリーニング、PRS実施、各ケースの年間ゴールと短期目標設定、個別の指導計画作成
5月第3週	特別支援学校への巡回相談依頼
6月第2週	地域非行防止ネットワークサポートチーム連絡協議会実施
6月第4週	保護者面談を受けて保健所のカウンセリング（精神科医）予約
7月第1週	病院付き添い（心療内科）情報提供
7月第2週	保健所付き添い、情報提供
7月第3週	生徒指導委員会（生徒指導主事は、長谷川）と連携した夏季休業中の支援方針、支援方法の確認
7月第4週	家庭支援の一環で、福祉へのヘルパー派遣要請、指導計画の見直し（『超・積極的指導法』p131）

　4月の段階から、7月まで様々な関係機関と密に連携をしている。

　なぜ、このような動きを行うことができるのだろうか？　ポイントは大きく二つある。

① 仕事を明文化する。

② 関係機関との連絡を常にとる。

関係機関との連携が上手くいかない理由として、そもそもどの関係機関に頼めるのかが分からないということがある。そしてもう一つは関係機関に繋げてもらえる方法が分からない、ということがある。

　長谷川氏は、コーディネーターをしていた時、「関係機関との連携」を仕事の1つとして職員用資料に明文化している。こうすることで、責任の所在が明らかになり4月の段階からすぐに動けるのだ。

　では、コーディネーターではない立場の人はどうするか。すぐに連携して、動きだすことは難しいかもしれない。まずは勤務校の管理職、特別支援コーディネーター、生徒指導主任、教育相談主任などに関係機関について聞いて、繋がれる関係機関について把握することである。

　私が不登校児童への対応で関係機関に繋げた時には、校長と特別支援コーディネーターに相談し、市の教育センターや市の福祉課へ連絡をしてもらったことがある。教育センターから派遣される「スクールカウンセラー」「スクールソーシャルワーカー」などと連携し情報交換を行っていった。連携中には校内で何回か会議を持つ。会議でそれぞれの活動を報告し、情報を共有していった。

2 ┃ 学校が主体となる

　医療との連携について長谷川氏の実践を分析していく。

　長谷川氏は著書で次のように言う。

> 動く主体はあくまでこちら。その補助をしていただく。
> だから連携が続くのだ。続くだけでなく。発展するのである。そういう活動の積み重ねがあってこそ、学校は変わるのである。（前掲書p116）

　これを逆にしている現場が多いと思う。しかし、それでは相手に任せているだけで連携が続かない。あくまで「主体は学校である」ということを学校側が心構えとして持っておかなければならない。

　では、学校が主体になるとは具体的にどのようなことを言うのだろうか。長谷川氏が行った医師との連携についての事例を紹介する。

　ポイントは二つ。

① 　主導は学校が担う。

② 　学校がすべきこと、家庭がすべきことを明確にする。

長谷川氏は著書で次のようにいう。

> 教師も居合わせ、一緒に話しを聞く。これがきわめて重要だ。
>
> （前掲書p115）

「支援の主体は学校」。支援の主体である教師が医師の話を聴くことが大事なのだ。

長谷川氏は医師の話を聴くとき自分が納得しないことについては直接質問をぶつけていた。

> 医師が登校刺激をするなと言った場合は、「なぜしてはいけないのですか」と尋ね、明らかにします。（中略）お医者さんとの話し合いの場を持って、ではいつからなら、いかなる形でなら登校刺激をしてよいのですかと聞くのです。駄目と言うなら、この子の将来の自立はどのように図るのですか、と問う。（前掲書p227）

医者には多くても月1回しか行くことができない、日々接するのは医者ではない、教師である。一緒に医師の話を聴くだけでなく、このように生徒のことを思い医師に質問をしていくことも必要なのだ。

話を聴いた後、どうすればいいのだろうか。長谷川氏は言う。

> そして、家庭で努力すること、学校が努力することを確認すればいいのだ。目標を共有すればいいのだ。（前掲書p115）

まずは、目標を共有する。方向性が一致することでやる事が明確になる。目標を共有したら、それぞれの立場で行うべき努力を確認する。後は、それぞれで実行をしていけばいい。何ヶ月か後には、それぞれでフィードバックをし、支援が効果的だったかなどを確認していけばさらに支援が続いていく。長谷川氏は言う。

> 不登校というのはとても難しい問題です。事情も対応策も千差万別です。それでも目の前に起きているのならば、方針を立て、策を講じなければなりません。（前掲書p227）

不登校支援にベストの解はないが、長谷川氏のように学校が主体となり、関係機関と連携することで、支援が効果的に働いていくのだ。

5年生で不登校になった男の子、H君。ADHDの診断が下りていた。私は通級指導教室の担当、教育相談主任として校内のケース会議に出た。彼への支援のポイントは以下である。

> 医師の助言により支援の分担を決めた。

まず、校内の会議で、連携できる機関について洗い出した。「スクールソーシャルワーカー」「民生児童委員」「不登校支援教室」などの機関と連携することが決まった。

「ソーシャルワーカー」は家庭に支援をしてもらった。「民生児童委員」には放課後の様子を教えてもらう。「不登校支援教室」には本人の受け入れがいつなら可能なのかを聞いた。また、母からは本人が診断してもらった医者を紹介してもらう。私は、通級指導教室を学習保障の場所として提供した。

支援を始めて、少しずつ、登校時間が増えていった。しかし、保護者から本人が家庭で荒れるという報告があった。私は、学校で頑張り過ぎて家で荒れてしまうのだと思った。保護者に医師への面談を話し、私も一緒に話を聴くことにした。

医師からは①服薬すること　②家庭で褒める関わりをすること　③学校では登校刺激をすること　の三つを助言してもらった。

管理職に報告し、保護者との会議を持った。保護者、本人とは週2で登校するという目標を立てた。私は登校刺激を行っていった。

他の機関と連携し、常に家庭との連絡を絶やさないようにした。途中、その後、H君も登校する日が増え、家での荒れも無くなっていった。

主体は学校である。その上で医師との連携を適切に行うことで、不登校支援を効果的に行うことができるようになる。

★★★

指導の「方針」がきわめて重要だ。方針がなければ、医師が具体的な助言をしようにもうまく噛み合わず、教師集団の対応も場当たり的な思いつきの域を出ない。方針決定のために最も重要なのが具体的事実の集積である。主観を挟まない、客観的な記録が要るのである。

長谷川コメント

6章 「部活動」における指導の極意

1 集合時間に遅れてくる生徒への対応

岡　拓真

1	遅刻してしまう原因とその対策を一緒に考える
2	教師が時間を守る
3	日常生活に立ち返らせる

1 遅刻してしまう原因とその対策を一緒に考える

　様々な理由により、部活動の集合時刻に遅刻してしまう生徒がいる。

　遅刻の再発防止のため、周囲への注意喚起のために、厳しい指導が行われるのが一般的であろう。

　長谷川氏は生徒の遅刻に対して、次のように考えている。

> 　次にどうするか、どうすれば直せるかを共に考える姿勢が最も大切だと思う。(『中学の学級開き 黄金のスタートを切る3日間の準備ネタ』p129)

　遅刻してしまったことよりも、その次に何をすべきか、同じ失敗をしないために、どのような工夫をするかを、一緒に考えるということだ。

　例えば、遅刻して周囲に迷惑をかけた分を、どんな行動で返すのか。遅刻して行わなかった分の練習を、いつ、どこでするのか。

　そういったことを一緒に考え、具体的な形で提案していく。

　また、次に同じ失敗をしないように、失敗の原因を明らかにし、それに対する方策も考える。

　例えば、家を出る時間や、起きる時間など、一つ一つの行動について遡り、一緒に考える。

　遅刻したことを叱責するよりも、「共に考える」ことの方がよほど生産的であり、現実的な指導ではないだろうか。

　また、長谷川氏は、「遅刻の意味」を指導している。

　例えば、1分の遅刻と、1時間の遅刻、どちらがより罪が重いかを問う。

これは、1分の遅刻の方が罪は重い。

1時間の遅刻とは、1時間遅刻せざるをえない事態が生じたということである。しかし1分の時刻は、1分早く家を出れば間に合う、あるいはその1分の遅れを想定しておいて、自分の努力や工夫で時間に間に合わせることができるものである。

長谷川氏の語りである。

> たとえば待ち合わせに遅れるということは、相手の命を軽く見ている証です。
>
> 本当に相手を大切に思っているのなら、命そのものである時間を大切にするはずなのです。タイム・イズ・マネーではなく、タイム・イズ・ライフなのです。(『長谷川博之の学級通信365日全記録 下巻』第185号)

その場限りの厳しい指導よりも、遅刻という行為の意味や、それに関わる周囲の人の状況や相手の立場、自分自身に発生する責任等を考えさせる。

長谷川氏の指導は、生徒本人の変容を促し、本人の力で遅刻しないようにさせるものである。

2 長谷川氏自らが時間を守る

長谷川氏は練習開始前にコートに立つ。朝の練習、昼休みの練習、放課後も、毎日、1日も欠かさずである。これは、現在のみならず、二十代から同様であった。

教師が先にその場にいるのであれば、生徒は急がないわけにはいかない。このことは、日々の練習においても、全員が揃い、いつも同じ時間に始まることにつながっていると考えられる。

徹底して時間を守るということを、長谷川氏はその背中で示し続ける。遅刻を未然に防ぎよりよい生き方を教える、生徒への無言の指導となっているのだ。

長谷川氏は、部活動指導は授業や学級経営と同じだという。

4月、長谷川氏が学級を組織する時、生徒に次の言葉を伝える。

「時を守り、場を清め、礼を正す」

組織を立て直す際の、「再建の三原則」。昭和初期の教育者、森信三氏の言

葉である。

　また、長谷川氏は、学級通信の中で次のように書いている。

> 　週明けの本日、テスト前朝学習の取組は合格。しかし、給食準備は遅かった。＜中略＞これは駄目だ。時間を守るために急ごうという気持ちが全然見られない。
>
> 　この社会では、義務を果たさなければ、権利は与えられない。
>
> 　時間という点で、君達に主張する権利はない。すなわち、たとえ授業時間を５分延長されても、文句を言う資格は保障されないということだ。
>
> 　それが快適か。それを望むか。（前掲書下巻　第184号）

　学級であれ、部活動のチームであれ、長谷川氏が集団を指導する際、「時間を守らせる」ことを第一に取り組む。乱れてしまった集団が立ち直っていくには、「時間を守る」ことの一点突破が極めて効果が高い。

　当然ながら、この時間を守る指導の根本は、教師自身が時間を守っていることである。教師が時間を守る姿勢を見せることが、最大の指導となる。

3　日常生活に立ち返らせる

　以前、長谷川氏のセミナーで以下の話を聞いたことがある。

　例えば、部活動の開始の時間に全員が揃わない。準備をダラダラ行っていて開始時間が遅れる。試合会場に遅刻してしまう者がいる。

　このような生徒がいるチームには、ある共通点があるという。

　それは、「立ち上がり」が弱いということである。

　長谷川氏から教えて頂いたことだが、これは、種目を超えて、全国レベルのチームを作る指導者が一同に口を揃えて主張することだという。

　練習の開始時間に間に合わない、集合時間に間に合わないということが、なぜ立ち上がりの弱さにつながるのか。

　おそらく、時間を守ることの意識の低さは、そのまま本番に向けた準備の不足を意味しているからだろう。

　例えば、全国大会に出場するようなチームの選手が、学校総体の本番当日に遅刻することは考えにくい。どの選手も緊張感を高く持ち、集合時間に間に合うように逆算して前日の生活を組み立てるはずである。

本番ではやらないはずのことを、練習でしてしまう。つまりそれは本番を想定した練習になっていないことを意味する。

そして、長谷川氏は生徒に次のように言う。

> 毎日が本番である。

毎日の練習が本番そのものと同じ意識でできるかどうか。

毎日が本番という意識でいることができれば、日々の練習に遅刻するという概念もなくなっていく。

長谷川氏の部活動指導は、「生き方」の指導であると言える。

次のようなエピソードもある。

長谷川氏のチームは、校舎から教師が現れると、練習を行っている校庭の端のコートから大きな声で挨拶をするという。

それだけでない。ゴミ袋を持った人がいたら真っ先に駆け寄る。

大会会場では、ゴミを拾い、トイレ掃除をする。会場の後片付けも、氏のチームがいち早く率先して行う。

強いだけ、上手いだけのチームではいけない。テニスが上手くなること以上に大切なものがあることを、長谷川氏は指導している。

> 挨拶・返事・後始末と、時・場・礼。これらをいい加減にする生徒には私はテニスをさせません。
> 部活指導は、プロのスポーツ選手を育成する場ではなく、より良い生き方を指導する場だからです。―「研究資料」より

長谷川氏は、指導において常に日常生活に立ち返らせている。

部活動を通して学んだことを生かして、豊かな人生を歩むために必要な、様々な行動や、その背景にある思想を伝えているのである。

***

挨拶、返事、後始末が指導の三原則である。合わせて、「時・場・礼」を手厚く指導する。すべて、教師が範を示せばよい。逐一の説教より、背中による感化の方が教育効果が高いものだ。

長谷川コメント

❷道具の管理や手入れが雑な生徒への対応

横田泰紀

| 1 | 道具管理と手入れの大切さを教える |
| 2 | できるまで徹底する |

1　なぜ必要なのかを教える

　スポーツをやっているのにもかかわらず、道具の管理や手入れを大切にしない選手は、結構多い。このような選手に対して、一般的な指導者は、厳しい指導や怒鳴って直させようとするが、これは、本質的な解決にはならない。怒られないように道具を揃えようとするだけだからである。

　最も大切なのは、選手に「なぜ道具管理や手入れを大切にするのか」を理解させることである。まずは、手入れに関して書いていく。

　以前、長谷川氏のサッカー部の活動を見学しに行った時のことである。選手たちの徹底した「手入れ」に衝撃が走った。

　以下は、私が見た光景である。

> 　試合当日。長谷川氏はまだ現地に到着していない。その状況で、サッカー部は、全員でサッカーコートの石拾いをしていた。生徒が、広いコートに各自散らばり、足元にある石を探して拾っていた。
> 　　　　　　　　　（『超・積極的指導法』―引用一部要約 p48）

　前日に指示が出ていたとしても、生徒の顧問が不在の状態でできるのは、手入れの大切さを理解しているからこそである。

　おそらく長谷川氏は、生徒たちになぜ手入れが必要なのかを指導している。ここからは、推測である。

　例えば、「コートに大きな石や凸凹になっている所があれば、それでボールの方向が変わりミスが起きる。手入れを大切にしなければ、勝敗にも見放

されてしまう」という語りである。

　このような指導をしているはずである。だからこそ、生徒が自主的に行動するのである。

　また、道具の管理も自主的に動くようになるためには、必要性を語ることが欠かせない。例えば、自分であれば、イチローのバットの扱い方を語る。
「イチローは他の選手が絶対にしないことをする。何だと思う？」
「イチローがやっていることは、出塁する時にバットを置いてから走り出すことだ。『職人が命を削って作り上げたバットを投げることはできない』と彼は言うんだよ」

　そして、生徒に次のように言って締めくくる。
「偉大な記録を残す選手は例外なく道具を大切にしているんだ」

　このような語りを積み重ね、道具を管理する必要性を指導していく。

　また、荷物を揃えさせたい場合は、次のように話す。
「試合会場では他のチームもいる。関係者もいる。様々な人がここを行き来する。君たちが荷物や道具をバラバラに置いていたらどうなるだろう。当然、通行の邪魔になる。他チームの荷物と取り違えられてしまう可能性もある。見ようとしなければ見えないことを想像し、細かな配慮をできることが、スポーツにも必要なことなのだ」と生徒に語る。

　何のために道具を整頓するのかを理解させる。上記のような語りを氏はたくさんもっている。

　以前、長谷川氏の受け持っているソフトテニス部を見学したことがある。道具の管理が徹底されていた。例えば、以下である。

　①選手のバッグが隙間なく並べられている。
　②バッグのチャックも閉じている。
　③脱いだ靴も整然と並べられている。

　まさに完璧な状態で管理されていた。

　怒鳴って何かをさせる指導では、生徒は自主的に動くようにはならない。上のような趣意説明により、なぜそれが必要なのかを生徒に理解をさせることが大切である。

　次に、モデルや見本を示すことも大切である。

　例えば、長谷川氏は、強豪校と試合を組んで学ばせる。強豪校は、必ずと

言っていいほど道具の管理や手入れが徹底されている。そのうえ、強豪校と試合を組むメリットは以下である。

同じ中学生がやっているのだから、自分たちが出来ない訳は、ない。

中学生の同年代から学ぶことが最も印象が残るのである。

強豪校と試合を組むのは、時間と労力がかかるが、このような機会を指導者が用意することが必要である。

2 できるまで何度も指導する

長谷川氏は、道具の管理のことで、次のように言っている。

道具の管理が出来ていなかったら、練習を始めなければいい。

部活動中、おそらく、バッグや靴が揃っていなかったら、「揃えてきなさい」と一言伝え、生徒に直させるのである。すべての道具の管理ができたら練習を開始する。このようなやり取りを、何度も繰り返す。一見、とてもシンプルなことである。

しかし、これをできない指導者が多い。道具の管理ができていないのに、練習を始めてしまうから、習慣化されない。指導が徹底されないのである。

また、それでも改善されない生徒には、個別に指導をするはずである。長谷川氏であれば、次のように指導するだろう。

①なぜできないのかを問う。
②どうすればできるのかを考えさせる。

上記のような指導を繰り返し、生徒へ徹底させていく。こうした日常生活の土台となる部分に指導を加えることにより、心を整えていくことを大切にしているのである。

3 追試実践報告

私は、異動してすぐに、保護者から次のように言われることがある。
「先生が来てから、ベンチが別のチームのようにキレイになりました。野球はここからがスタートですよね」と。

私が大切にしたのは、次である。

指示することだけでなく、趣意説明を行った。

例えば、道具の管理を以下のように徹底させた。

①エナメルバッグを整理し、隙間なくつめてそろえる。
②スパイクのひもは緩め、スパイクの上にグローブを乗せる。
③脱いだシューズは、ケースに入れずにそろえて並べる。

道具の管理をするのは、すべて意味がある。生徒には、それを話す必要がある。

②については、「キャッチボールになってからシューズケースから取り出す。次に、ひもを緩めてから履く。これでは、練習の流れがそこで切れてしまう。だから、練習前に道具の管理をしておくこと」。

このように、意味を語るとできるようになる。そして、練習時間も確保されるようになる。

また、③については、なぜ「シューズケースに入れないのか」を説明した。「練習が終わったらすぐに、履き替えができるようにケースには入れずにそろえるんだよ」

これができるようになるだけで、練習時間が長くとれるようになる。道具の管理ができると時間が確保される。そして、練習時間が取れることは、練習量が増し、自分たちの上達につながる。このように生徒には、価値づけをしながら道具管理を強化させていく。

部活動は、技術指導だけではない。自分が使う道具を大切にする心と行動も育てていく。目の前の生徒を、選手としても人としても成長させる指導者でありたいものである。

★★★

石拾いのエピソードで推測された私の指導は事実と異なる。勝敗を語るのではない。感謝をこそ語るのである。集合時刻前にグランドを整備し、解散前にトイレを掃除するのは、施設及び関係者への感謝の表れなのである。そういうところを大切にしてきた。

長谷川コメント

6章 「部活動」における指導の極意

❸ やる気が感じられない生徒への対応

広瀬　翔

1	最初から試合をさせる
2	必要感を高める
3	個に応じた指導で成長を実感させる

1 最初から試合をさせる

　部活動においてやる気が感じられない生徒とは、その部活動に対して面白みを感じられていない場合が多い。

　長谷川氏はそうした生徒の存在も踏まえ「その競技を好きにさせる」「やる気を引っ張り出す」指導を大切にしている。その一端を記す。

　長谷川氏は男子ソフトテニス部の顧問である。

　部員は全員が中学校からソフトテニスを始めた初心者ではあったが、急激な成長を遂げて数々の大会で実績を残している。

　やる気に満ち溢れた生徒たちは、学校での部活動のみならず、帰宅後に近くのテニスコートに集まって自主的な練習にも打ち込むほどである。

　なぜこうした状態になるのか。研修会での話を元にした分析を記す。

　まず中学1年時の4月。入部初日に長谷川氏は次の指導を行った。

> 最初から試合をさせる。

　入部したての1年生が素振りやボール拾いなどをする姿も見かけるが、長谷川氏はそうした形式的な指導を行わない。

　初日からラケットを持たせ、試合を行わせる。その競技の楽しさを実感させるところが最初の指導となる。

　そして初日から試合を実施するために大切なのが次の原則である。

> 所時物の原則

136

向山洋一氏が提唱した「授業の原則十か条」の第五条に当たるのが、「子どもに活動させるためには、場所と時間と物を与えよ」という所時物の原則である。これを部活動指導にも応用する。

　まずは場所だ。学校に元々あるテニスコートでは上級生が練習しているため、それのみでは１年生が試合をする場所の確保は難しい。

　よって長谷川氏は、グラウンドの一角にテニスコートを用意した。もちろん、他部の活動の邪魔にならぬよう配慮してのことである。

　次に時間。放課後、長谷川氏は誰よりも早くコートへと向かう。１分１秒も無駄にせず、新入部員に対して指導を行うことが可能となる。

　また、大人数の場合、もう一人の顧問に上級生の指導を任せ、１年生の面倒をみることを買って出ている。連携を図りながら分業するのだ。

　最後に物だ。１年生が初日から打てるようにラケットやボールを用意し、自分の道具が用意できるまでは貸し出す指導を行っている。氏はボールや簡易ネットから水撒き用のホースまで必要なものはすべて身銭を切って購入し、フル活用する。

　所時物を保障することで、１年生も最初から試合することができる。それにより、他校よりも早く競技の楽しさを実感することができる。

2　必要感を高める

　試合すると、生徒は勝ったり負けたりする経験を重ねる。その中で生徒は徐々に「どうすれば勝てるのか」、「自分に何が足りないのか」を考え始めるようになる。そうして向上心が高まっている状態で、長谷川氏は彼らが求めているプレーができるようになる指導を行う。

　ただし、長谷川氏は直接的に「こういう場合はこう打つ」という逐一指導は行わない。

> 教えずに教える。

　これが長谷川氏の部活動指導の特徴を表す言葉の一つであり、常に貫かれる原則だ。生徒自らに思考させ、発見させる意味を含んでいる。

　例えば、サーブの打ち方。テニスではベースラインと呼ばれる線の外側に立つ。そして頭の上からサーブを打つことが多い。

　そこから打ったサーブがどのようにすれば入りやすくなるか。それを「教

えずに教える」ために、長谷川氏は次のように指導を変化させた。

> サーブを打つ位置を様々に変化させ、体験させる。

　ベースラインから打つだけでなく、コートの中央付近やネット際からサーブを打たせた。すると、生徒はどのような角度で打てばボールが入りやすいのかを自ら発見できるようになっていく。

　そうして気付いたことを練習後、再び試合をさせる。生徒は発見したことを生かしながら自らのスキルを高めていくことができるのだ。

　最初から試合を行っている分、多くの1年生はサーブが上手く入らないことを体験している。その悔しさや必要感があるからこそ、生徒は練習の意味を理解して能動的に取り組むのである。

　その中で少しずつ上達が見られたら「よし」「いいぞ」と激励する。生徒は自らの成長を実感し、徐々に試合でも通用するプレーが増えていくようになる。こうして生徒のやる気は高まっていくのだ。

3 個に応じた指導で成長を実感させる

　生徒の成長度合いは均一ではない。身長の高低、右利きか左利きか、運動能力やセンスなど様々な要素によって差が生まれてくる。

　そうした中で他の生徒よりも劣ると感じ、「練習しても勝てない」とやる気を失っていく中学生は少なくないだろう。

　しかし長谷川氏の部活動経営ではそうした生徒は見られない。どの生徒も向上的に変容している。

　その裏には、生徒個々の実態に合わせた長谷川氏の指導がある。個々の課題意識や改善点に合わせて、指導を個別最適化するのである。

　そして、教えたことが少しでもできるようになると、長谷川氏は「そう！」「よくなった」のように、励ます声かけをしていく。

　生徒も、できなかったことができるようになる喜びを感じ、より一層練習に励んでいく。そのために長谷川氏は部活動において、生徒をよく観察することを意識している。

　生徒と一緒になって練習をする教師もいる。長谷川氏はこの行為を否定的に評価する。自分が楽しむために選手に相手をさせていては伸びない、というのだ。

　常に全体を見ながら個々の強みと弱みを見つけ、それぞれを今よりも一つ上

のステージへと上げるためのアドバイスを行うのが指導者の仕事である。そのためには生徒の様子をよくよく観察し、プレーの特徴を掴む必要があるのだ。

　個々の状態を見取り、ニーズに応じた練習を実施して技能を伸ばし、成長を実感させる。氏のチームの強さの秘訣はここにあるのだろう。

4　追試実践報告

　私は女子卓球部の顧問をしている。男子と共に練習する関係上、一度に使用できる台数は 3 台程度に限られることが多い。そのような中、中学 1 年生が新たに 10 名以上入部した。部全体では 30 名近くになる大所帯。全員が一度に打つのは困難であった。

　それでも長谷川氏の実践を追試すべく、1 年生にも試合をさせた。

　通常、卓球の試合は 11 点先取で勝利となる。だが、台数と人数の関係を鑑み、少しでも多く試合を経験させるため次の 2 点を意識した。

①休日練習時、男子と練習する時間帯をずらして使用できる台数を増加
②「5 点先取で勝利」のようなミニゲームにし、試合経験を増加

　楽しさとともに悔しさを実感させ、必要感を高めた。その上で、できるプレーを一つずつ増やした。同時に、ボールを打つ際の原理原則も指導し、習熟をさせるべくたくさんボールを打てるようにした。

　平日にも時間を区切り、1 年生にもボールを打つ時間を確保。1 台に同時に 4 名が入り、ローテーションをしながら待ち時間が少なくなるように工夫をした。それでも打てない際には、その時間に一人でも練習ができるよう、ボールに回転をかける感覚を磨く練習も教えた。

　こうした中で、「もっと上手になりたいから」と小学校からの習い事をやめて卓球の自主練習を始める生徒も現れた。日頃の練習でもわずかな時間でもボールを打とうとする積極性も見られるようになっている。

長谷川コメント

★★★

　最初から意欲の無い生徒はいない。意欲を失った原因は、多くの場合、周囲との比較により生じた劣等感である。私は他人との比較から、自己内の比較へと導くよう努めている。昨日の自分より 1 ミリ上達する。そこを認め褒め、励ますのである。

④熱心だが不器用な生徒への対応

森田健雄

> 1　全員がやる気を持てる指導を行う
> 2　楽しさを味わわせる
> 3　その子の伸びを認める

1　全員がやる気を持てる指導を行う

　長谷川氏のチームの練習はゲーム中心である。これまでにソフトテニス部とサッカー部の指導を見に行ったことがある。どちらもゲームを中心にした練習を行っていた。

　選手は大会で勝ちたいと思うから練習するし、熱心にもなる。長谷川氏は試合の中で使えるスキルなどを身につけさせるために、より試合の形式に近いゲームを中心にした練習を行っているのだ。

　また他にも長谷川氏の指導には工夫がある。例えば以下のことだ。

声かけの仕方

　ソフトテニス部のA君（中2）は、レギュラーメンバーと比べてしまうと、実力には差がある。差はあるが、とても熱心に練習している生徒だった。だが、レギュラーメンバー同士の試合の時には、下級生と一緒に練習を行う必要があった。「A、下級生の方でやってこい」と一言いえば、A君は動くだろう。だが長谷川氏はそうはしなかった。

「A、1年生を鍛えてやってくれるか」

　このように声をかけたのだ。どちらも下級生と練習をすることには変わりはないのだが、「鍛えてやってくれるか」と声をかけた方が、言われた方の

モチベーションは上がるはずだ。Ａ君も「分かりました」と言って、下級生に熱心に指導していた。

　Ａ君はしばらく下級生と練習をしていたが、長谷川氏に呼ばれ、レギュラーメンバーと試合をすることになった。長谷川氏は全員に聞こえるように次のように言った。

> 「Ａ、こっちに入って。今のＡはかなり手強くなってるぞ」

　試合を行っているレギュラーメンバーだけではなく、自分も見てもらっているのだと、Ａ君は感じただろう。Ａ君の動きはさらに良くなっていた。

　このような声かけはＡ君の伸びだけではなく、下級生の伸びにもつながっている。さっきまで一緒に練習を行っていたＡ君が評価され、レギュラーメンバーと試合をして活躍しているからだ。このような練習が行われているから、常に全体最適の状態になるのだ。

２ 楽しさを味わわせる

　長谷川氏の部活指導を見学した時に、いつも感じることがある。

> 　全員が楽しそうに練習している。

　ここでの「楽しそう」というのは、熱中しているとも言い換えられる。レギュラーも、そうではない生徒でも同じだ。

　市営のコートで行われた練習を見学した。全員がコートの開く前から準備やストレッチなどを行っていた。コートが開くと、いきなり乱打からのスタートだった。誰かが指示するわけではなく、それぞれが考えて練習をしていた。上級生も下級生も関係ない、今やるべきことを考えて、動いていたのだ。先ほど書いたＡ君（中２）も同じだった。

　Ａ君はレギュラーメンバーと比べると、実力の差は明らかだった。だがレギュラーメンバーと同じ練習をこなしていた。そして、下級生も同じようにこなしていた。どの子も必死だ。なぜそうなるのか。

> 入部した日から試合を行っている。

　入部した日から試合が行われる。上手くならなくては、試合で打ち返すことができない。だから、上手くなろうと必死になる。上級生も同じようにして試合を経験してきたから、必死になって練習したのだろう。

　Ａ君も同じだった。試合を行っていない時には、他の生徒の試合を見学して、レベルアップする方法を探っていた。

　練習中に長谷川氏は事細かに指導している感じではない。そして選手たちは、長谷川氏の指導がなければ動けないという感じでもなかった。むしろ、自分たちで考えて動いていることが多かった。何かを指示されてできた時よりも、自分で考えて動き、できた時の方が、喜びが大きい。楽しい練習になる理由の一つだろう。

3 | その子の伸びを認める

　長谷川氏がサッカー部顧問だった時、1年生大会を見に行ったことがある。入部して8か月くらいの1年生だ。ほとんどが中学校からサッカーを始めたので、動きがまだぎこちない。相手チームにボールをとられてしまうことも多かった。しかし、長谷川氏は一度も注意や叱責をすることがなかった。それどころか、褒めることが多かった。褒め方にはポイントがあった。

> 挑戦したことや、できることを必死にやっていることを激励する。

　長谷川氏は、「ナイスチャレンジだ」「果敢に攻めたな」「もう少しで抜けるぞ」など、伸びている部分にスポットライトを当てていった。

　最初は緊張で動きが鈍かった選手たちも、この言葉かけで、どんどん攻めるようになり、見事勝利を収めた。

　これはソフトテニス部の指導の時にも変わらなかった。何度か練習や試合を見に行ったのだが、いつも楽しそうに熱心に練習をしている選手たちを見て、長谷川氏に「なぜ選手たちは、こんなにも楽しそうなのでしょうか」と質問した。

> 「練習の度に伸びているのが実感できるからだろうね」

というのが、長谷川氏の答えだった。

　私が見学に行った時は、休憩時間の度に伸びているのが分かるくらい、選手は一日で激変していた。そんな長谷川氏の指導を見て気づいたことがある。

> こうすれば伸びるという部分を指摘し、やり方を示す、もしくは考えさせていた。

　例えば長谷川氏は休憩時間に個人指導を行っていた。伸びそうな部分を中心にした指導だ。それを次の試合で生かす。だから休憩時間を終えると、一気に伸びているように見えた。

　長谷川氏はＡ君にも話しかけていた。「○○ができるようになったな」と言ったり、Ａ君が思わず笑ってしまうような話をしたりしていた。Ａ君は練習中も緊張していることが多かったが、長谷川氏に休憩時間に話しかけられる度に笑顔になり、動きも良くなっていった。部活動では、全体に同じ指導をして、指導完了としてしまいがちだが、そうではなく、個々の伸びを見つけ、それを認めていくような指導が大事だということが長谷川氏の指導から分かる。

　長谷川氏のチームでは、退部者が全くいないという。常に全員が練習を楽しみ、成長を実感できているからだ。

＊＊＊

長谷川コメント

　サッカー部顧問時代のある年、私が部長に任命したのは、その学年で最もスキルの低い生徒であった。入部から２年秋までの１年半、彼は他の誰よりも準備と片付けを素早く、丁寧に行ったのだ。彼の行動こそ「情熱」である。そういう生徒に光を当てるのが指導者の使命である。

⑤部としての一体感を生み出す秘訣

岡　拓真

1	レギュラー選手以外のレベルを上げる
2	練習時間には必ずその場にいる
3	その種目を「好き」にさせる

1　レギュラー選手以外にスポットライトを当てる

　個人の能力差や、やる気の差によって、チームが一つの目標に向かわないことがある。チームに一体感を創り出すために、長谷川氏が行っている指導を分析する。

　長谷川氏は、新入部員を入部したその日からコートに立たせ、さらに、3年生とも試合をさせるという。

　通常のチームなら、実力差があるため、一緒に練習すること自体が稀である。しかし、長谷川氏は3年生に1年生とボールを打ち合わせることもある。

　1年生からすれば、憧れの先輩と一緒に練習ができることが嬉しい。

　3年生からすれば、1年生もボールが打てるように、細心の注意を払いコントロールする。1年生が打つボールを予測し素早く反応する。

　一見すると無理があるように思えるが、意識を変えることで、良質な練習になる。

　また、長谷川氏は土日に大会がある場合、学校に残ってレギュラー以外の選手を指導するという。

　ソフトテニスは団体戦に出場する8人がレギュラーメンバーとなる。その6人に入れなかった選手にも寄り添い、上位選手との差を埋めるように指導する。レギュラー以外の選手の意欲を高めることで、チームの誰にもチャンスがあり、チーム内で競い合いが生まれる。競り合ったチームメイトが、代表として試合に出場するからこそ、レギュラー選手も、そうでないメンバーも一丸となって試合に臨む。

長谷川氏は、部活指導においても次のことを意識している。

> 　一番苦手な子ども、一番課題を抱える子どもも、最後までやり甲斐を持って取り組めることである。(『超・積極的指導法』p52)

　長谷川氏の埼玉県は、ソフトテニス競技においては全国屈指のハイレベルな県である。その埼玉県で、小学校において未経験の選手のみでチームを作る。

　長谷川氏のチームの選手たちには、ジュニア選手（経験者）に追いつき、追い越すという共通の目標がある。レギュラー選手もそうでないメンバーも、一つの目標に向かうことで一体感が生まれていくと考える。

2 練習時間には必ずその場にいる

　長谷川氏は、生徒が活動している場には必ず立つ。生徒に活動をさせておいて、職員室で自分の仕事をするようなことはしない。

　長谷川氏は、前任校においても、崩壊状態だった部活動を立て直した。朝練習に加え、昼練習を開始した。そして、そのすべてに毎日付き添った。

　一人一人の力に合わせ、「今なぜ、そこに打った」、「そのポジションにいる理由は」と、問いかけながら練習を見ている。

　長谷川氏は、直接指導するのではなく、気付かせ、考えさせる指導を行っているという。

　ある年の昼練習はチームを強くすることだけが目的ではなく、2、3年生部員を所属学年のだらしない生徒集団から引き離すためでもあった。「分断」し、成長させる策である。

　担当するチームだけが良くなるのではなく、部活動指導を通しての学校改革も念頭にあったのだ。

　全体的に乱れていた学校の雰囲気を、部活動から変えていく。学校全体に資する活動として指導していたのである。

　この時の昼練習では長谷川氏の指導や変容し始めたテニス部のプレーを、たくさんの生徒がそれぞれの教室の窓から見ていたという。

　教師が、誰よりも早くコートに立つ。コート整備を自らも行う。

　教師が活動のその場にいることにより、余計なトラブルを未然に防ぐことができる。

教師自らが率先垂範で行動する姿を見るせことで、その行動がモデルとなり、生徒も一丸となって動くのである。

さらに、練習時間、すべての時間をその場にいることで、見えてくるものがある。プレー以外の部分で、誰が一生懸命に取り組んでいるのかが分かるのである。

> 真実は、「コートの中に生活があり、コートの外に勝負がある」です。
>
> 生活態度のすべてが、コートの中、すなわち試合の場で出ます。
>
> 挨拶、返事、丁寧さ、正確さ、精神的な強さ、仲間との結びつき、すべてが表れます。
>
> すなわち、勝負の行方は、コートの外すなわち日常生活をどう生きるかで決まっているのです。
>
> 都道府県大会で優勝するレベルの個人やチームで、このことを知らない人はひとりもいません。
>
> (『長谷川博之の学級通信365日全記録 上巻』第139号)

長谷川氏は、プレー以外、「コートの外＝日常生活」を大切にしている。コートの外での振る舞いや、準備や後片付けといったプレー以外の部分が、実は勝負に大きく影響しているのだ。

また、長谷川氏は、一番上手い選手ではなく、一番真面目に取り組んでいる生徒を指名し、部長にする。

プレーの上手い下手ではなく、練習に取り組む姿勢や、準備後片付け等、チーム全体のために身を粉にして行動する生徒がチームの中心となることで、チームの士気も上がり、一体感が生まれるのである。

3 その種目を「好き」にさせる

長谷川氏が部活動指導で一番大切にしていることがある。次である。

> 部活動は、その種目を「好き」で終わらせる。―「研究資料」より

部活動は、最終的には、その種目を好きにさせることができたかどうか、それがすべてだという。

好きになることで、卒業後もその競技の選手として努力を重ねたり、指導者として活躍したりする道ができるのだ。

長谷川氏から、部活動について次のような話を聞いた。

> 部活は強くならなければ意味がないと思っています。
>
> 勝てるようにならないと、意欲が湧きません。
>
> 上達しないと好きにならないのです。（文責：岡）

好きにさせるためには、「強くなった」と感じさせ、上達を実感させなければならない。

一つでも多くの勝つ経験を積ませなければならないのだ。

チームを強くするためには、どの種目であれ、やはり練習量が必要である。長谷川氏も練習時間の確保を重視している。

しかし、学校における活動時間は限られている。

長谷川氏のチームの生徒たちは、自らの意思で公共のコートを借り、部活動以外の時間を生み出して練習に励んでいる。

これも生徒がその種目をとことん好きになるからこそであろう。

平日の夜、保護者がコートを取ってくれることも少なくないのだという。その競技を大好きになった我が子の姿を見て、保護者も力を添えてくれるのである。

好きだからこそ時間を忘れるほど練習する。練習量に比例して実力も上がっていく。そして、そのさらに競技を好きになっていくのである。

チーム全員がその種目のことを好きで、一所懸命に打ち込む。

これこそが長谷川氏のチームが一丸となる最大の要因だと考える。

最も実力が下の生徒に寄り添い、力を付ける。陰でチームに貢献する生徒に活躍の場を与える。そのチームに所属しているという誇りが一人ひとりに醸成され、全体としての一体感を生み出していくのだ。

★★★

部活動のチームの一体化は、学級集団の一体化よりも易しい。活動の目的や目標が明確であり、しかも短期間で目に見える成果を得易いからである。目的・目標の設定（全会一致）と合理的かつ効率的な指導が鍵である。「統率力」を高める修業が不可欠である。

長谷川コメント

7章 「保護者との関係」における指導の極意

❶保護者との「共汗関係」を築くポイント

星野優子

1	教師の信念を保護者に伝え続ける
2	子どもの成長に向けた協力を呼び掛ける
3	保護者からの反応に感謝し、全体に紹介する

1 教師の信念に共感するから保護者は仲間になる

「共汗関係」とは長谷川氏がよく用いる言葉の一つである。

「共に汗を流し、行動していく間柄」を示す。

実際に長谷川氏は、保護者と毎年「共汗関係」を築いている。

では、どのようにその関係を築いているのか。

第一に、次が欠かせない。

> 学級通信や学年通信で教師の信念を伝え続ける。

保護者は日々忙しい。教師と保護者が顔を合わせて交流する場面も年に数回の保護者会や面談等、限られた場しかないのが現状だ。

そんなとき、「学級通信」や「学年通信」は、保護者に教師の考えを伝える絶好のツールである。

保護者は、我が子から学校の話を断片的に聞くことはあっても、学級で何があったのか、担任がどのような指導をしたのかということを詳しく知る機会は少ない。

また、担任がどのように子どもと関わり、どのような想いで子どもに接しているのかを知ることはなかなかできない。

長谷川氏は日々の学級での出来事、生徒の様子、指導事項を包み隠さずに学級通信で伝えている。その文面を読むことで、「担任が真剣に我が子に関わってくれている」ということが伝わるはずだ。

さらに、忘れてはいけないのは次だ。

> 言行一致。子どもに求めることは教師が率先して行う。

　学級通信では立派なことを書いているのに、教室で子どもたちに接する姿や振る舞いが文面とあっていないのでは、子どもはもちろん、保護者からの信頼も失ってしまう。

　保護者と本気の「共汗関係」を築くための土台は、「教師が本気で子どもたちに関わる」ことである。長谷川氏は、学級通信の創刊号で保護者に次のように呼び掛けている。

> 　お子さんの心身の更なる成長のために、１年間共に汗をかいてまいりましょう。（創刊号）

　学級開きのそのときから、保護者に「共に汗をかく」関係を呼び掛けているのである。

2 　保護者の思いと生徒をつなぐ

　長谷川氏の６月の学級通信に、保護者からの手紙が掲載されている。以下、引用する。

> 　昨朝、保護者の方（許可を得ていないのでお名前は伏せる）２名からお手紙をいただいた。
> 　ひとつは「通信を楽しみに読んでいる」「２Ａが成長しているのがわかる」「我が子も更に伸びていってほしい」という内容だった。最後は「私も陰ながら協力したい」と締めくくられていた。
> 　もうひとつは「通信で知る我が子の姿が家でのそれと大きく違うので驚いている」「学校で褒められることが増えているのが親としても嬉しい」という内容だった。（第68号）

　保護者からの手紙を通信上で紹介することは、他の保護者への呼びかけにもなる。「忙しい先生に手紙なんて書いていいのだろうか」という保護者もいる。他の保護者が手紙を書いていることが分かれば、次の保護者も手紙を書きやすくなるのだ。

　さらに長谷川氏は、手紙を紹介した後で次のように続けている。

> 　大人は多忙である。仕事の忙しさだけではない。養育、介護、炊事洗濯、近所付き合い、親戚付き合い他、子供はしない事柄を山ほどしなければならない。
>
> 　その忙しさのなか、私宛に手紙を綴ってくださる。そのお気持ちと行動を心から嬉しく思う。心から感謝する。ありがとうございます。
>
> 　家庭と学校は車の両輪である。「回転数」を同じにしないと前進できないし、同じ方向を向いて進まないと子供という「本体」が駄目になる。
>
> 　これからも、腹を割って話し合い、共に汗をかいていきたい。（第68号）

　保護者への御礼が、これほどに丁寧に述べられていることに驚く。

　この文面は誰に向けて書かれているのだろうか。

　保護者に向けての御礼ではあるが、生徒に「忙しい保護者が、時間を割いて君たちのことを考えてくれているんだよ」ということを知らせる文面でもある。

> 　保護者が応援してくれていることを、子どもにも知らせる。

　保護者が学級のことを気にかけてくれている。保護者が、我が子はもちろん、学級の成長を喜んでくれている。そのことは子どもにとっても大きな安心感となるはずだ。

　さらに、「回転数」という言葉を用いて、学校での指導と同じ熱で家庭でも子どもに接してほしい旨を綴っている。

　子どもの成長のために、「腹を割って話し合い、共に汗をかいていきたい」という教師の強い信念・願いが、保護者にも、子どもにも、伝わっていくのである。

　なお、長谷川氏はここまでの学級通信で、保護者に対して通信の感想を求めるような文面は一切書いていない。つまり、保護者は自発的に手紙を書いてきたことになる。

　なぜそうなるのか。手紙の文面からも、次が予想される。

> 　我が子の成長、学級の成長を実感し、喜びを感じているから。

　教師がいくらきれいな言葉を重ねても、我が子・学級が変容していなければ保護者の心は動かない。保護者を巻き込むためには、目の前の子どもを、

学級を、向上・成長させることが第一である。

　子どもが本気になって取り組む学校行事。子どもの一所懸命な姿は保護者
の心を打つ。長谷川学級では、行事の前後で保護者からの手紙が一気に増える。

　ここ１週間余り、毎日４、５通のお手紙をいただいています。

　家事にお仕事にと忙しい中、学級のために時間と労力を割いてくださ
ることに、２Ａを代表して心から感謝をもうしあげます。

　保護者の皆さんの、２Ａの子どもたちを思う強い気持ちが行動に移さ
れ、行動として形になったからこそ子どもたちにも伝わっていく。

　思いを受け止めた子どもたちは、それぞれに思い、考え、自らの行動
を変えつつあります。

　家庭と学校が、本当の意味で手を結ぶ。

　本物の連携から生まれる奇跡に、上限はありません。（第156号）

　子どもが本気になるから、保護者が本気になる。

　そして、保護者が行動することが、子どものさらなる成長につながる。保
護者にも「行動する」ことを求める文面が、通信上にも頻繁に記載されている。

　その、長谷川氏からの呼びかけ、そして子どもの成長する姿を見て、保護
者から次の手紙が寄せられている。

「もう冬ですよね。あっという間に３年生になります。そろそろ親が本気で
問題に取り組まなくてはいけないと強く思いました」「先生、私達親の今や
るべきことは一体なんでしょうか。（略）先生、私達親もがんばります」（前
掲書より引用）

　保護者が我が子のために、仲間のために動こうと発信する。

　共に行動し、汗を流す「共汗関係」が築かれていく一幕である。

　　　　　　　　　　　（『長谷川博之の学級通信365日全記録 上巻』より引用）

＊＊＊

　教師が変われば授業（指導）が変わる。授業（指導）が変われば生徒が変
わる。生徒が変われば、保護者もまた変わり、応援団になってくれるのであ
る。感謝を忘れず、この順序で努力と工夫を重ねることだ。

長谷川コメント

❷我が子との関係に悩む保護者への対応

広瀬　翔

1	親子が関わる場面を意図的に設定する
2	子どもの良さに目を向けさせる
3	家庭に任せきりにしない

1 親子が関わる場面を意図的に設定する

　学級通信を発刊する時、長谷川氏は親子が関わるような場面を意図的に設定することがある。親子の共通行動の場を設けることでコミュニケーションを促すことが主眼にある。例えば、次のような取り組みだ。

> 　当時「味の素」社が主力商品である「味の素」の売り上げアップを狙い、全社員に売り上げ倍増計画のアイディアを提出させました。さて、あなたならこのときどんなアイディアを出しますか。
> （『超・積極的指導法』p204）

　これは長谷川氏が学年主任兼担任を務めた年の学年通信の内容である。氏はこの通信の続きとして、「さらに多くの消費者の手に届くように取り扱い店の数を倍にする」のような一般解を記載している。その上で、「他人が思いつかないアイディアを！」と呼びかけた。

　すると学級通信を発刊した翌朝、「帰宅後に家庭で話題にした」という生徒13名が、考えを披露しに長谷川氏の元に集まってきた。

　また、後日開催した保護者会では「通信が家族の会話の基になっています。毎日楽しみです」という声も聞かれた。

　他にも、子から親へ、俳句や和歌、連歌、エッセイなどで感謝や親愛の気持ちを伝える「親守詩（おやもりうた）」も授業で実施した。

　子が上の句の5・7・5字、親が下の句の7・7字を作るという形式で連歌を作成させ、親子の意図的な関わりを生み出した。

長谷川氏の学年でも取り組み、埼玉県知事賞を得た。次の詩だ。

> （子）遠くの地 一人がんばる 父恋し （父）長男坊よ 家族任せた

単身赴任中の父を思う息子と、その息子に一家の大黒柱としての役割を託した父親と思いが見えてくる。

こうした長谷川氏の働きかけは

> 親子のコミュニケーションの場を学級通信でプロデュースしている。

とも言える。学級通信を介して親子での会話が生まれるのだ。

その会話を意図的に生まれるようにするために、長谷川氏は折に触れて保護者との交流の機会を生み出している。

親子の関わりがないならば、授業や学級通信を通じて関わりが生まれるように仕組んでいくことの大切さを、長谷川実践は教えてくれる。

2 子どもの良さに目を向けさせる

思春期になると「子どもと会話する機会が少ない」「子どもとの関係がうまくいかない」という保護者に出会うことが増える。

子どもが登校を渋るようになり、不登校になってしまった際、どうしたら良いかわからないという保護者に対し、長谷川氏は次のアドバイスを行った。

> 寝る前に、その子の良い所を三つ、ノートに書き出す。

その日１日を振り返った時、様々なことが思い起こされるだろう。

その中でも子どもの良かった点を思い出し、ノートに書き出させる。視覚化させることによって保護者自身も振り返ることが可能となる。

取り組み始めた頃には三つ書き出せないこともある。それでも「三つ書く」と決めることによって、その子を見る目が変わるのだ。
「夕食を残さずによく食べた」「学校のプリントを自ら手渡した」「『おやすみなさい』の一言があった」など、小さなことで構わない。

ノートに日々記録することでその良さは蓄積されていく。それに伴い保護者の認知も変わっていき、良好な関係が徐々に紡がれていくようになる。こうしてプラスのサイクルを回していくことが可能となる。

これは不登校の子どもに限らず、どんな子どもとの関わりにおいても大切

である。我が子との関係に困っている保護者がいれば、「ついつい我が子のできていないところに目を向けがちですが、いいところを書きだすというのを習慣化してみてください」と提案してもよいだろう。

また、長谷川氏は家庭へのアドバイスと同時に、教師自身もその行為を学級通信を通じて具体化して示している。その一例を記す。

> 私が教室の机を運んでいると、かおりちゃんが私に声をかけて一番最初に手伝ってくれました。するとそうじを終えて教室に戻ってきた美月が、みんなに手伝おうと声をかけて、最後には女子のほぼ全員が教室そうじを手伝ってくれていました。
>
> 　　　　　　　（『長谷川博之の学級通信365日全記録 上巻』第22号）

清掃という一場面における事実を、生徒が記した日記の一部である。氏の呼びかけに応じて清掃を手伝ったことが分かる。こうした記述が長谷川氏の学級通信には多く登場する。

さらに、長谷川氏は学校で見られた良い面を保護者に随時伝えている。一筆箋に書いて「お家の人に渡して下さい」と生徒に手渡したり、放課後に電話で「こんな良いことがあった」と伝えたりなど、プラスの情報を意図的に入れているのだ。念頭におくべきは以下の点である。

「良いところを褒める」というモデルを学級通信で示す。

長谷川氏は子どもの良さに目を向けにくい保護者に対し、具体的にどのように褒めると良いかを例示している、と言える。

保護者は学級通信の記述から、生徒自身の良さについて知ることができる。通信を介して生徒と保護者がつながるきっかけにもなるのだ。

こうした積み重ねによって、保護者は生徒の良い面にも着目できるようになっていく。関係が改善するきっかけにもなる。

学校での生徒の様子を日常的に保護者に伝えられる教師でありたい。

3 ｜ 家庭に任せきりにしない

ある年、長谷川氏は男子生徒A男を担任した。彼はADHDの診断を受けており、時には強い衝動性のために補導されることもあった。

その母親は幼い頃からA男の育児を放棄していた。子どもが深夜徘徊をし

154

ても放ったらかし、自分の生活を優先していたのである。

　そのＡ男を長谷川氏が担任するようになった後、母親がある時からＡ男がいなくなると毎日のように自転車で探すようになった。

　その変容の裏側には何があったのか。様々ある要因の中で最も大きなものを挙げるとすれば、次であると考える。

> 　家庭に任せきりにせず、子どもについて一緒に考え、行動する。

　長谷川氏が担任する前、Ａ男が学校の内外で問題を起こすと保護者に連絡が伝わっていた。問題行動の責任を保護者に任せる形であった。

　しかし長谷川氏の関わり方はそれとは異なる。学校外で問題行動を起こした際にも、家庭に任せきりにせず、一緒に考えるのだ。

　例えばＡ男がいなくなった際、長谷川氏は母親と一緒に午前、午後、夜の計四時間探し歩いたこともある。母親に次の言葉をかけた。

> 　お母さん、がんばっているよ。過去は過去として、いまお母さんは一所懸命やっているよ。息子さんのような行動をする子は他にもいるけれど、毎日のように本気で子どもの後を追いかけている親はいないよ。その気持ちはきっと伝わるよ。時間はかかるだろうけれど、伝わるからね。（前掲書p84）

　母親の具体的行動を取り上げ、認め、激励をしている。こうした言葉も、長谷川氏が実際に行動を共にしたからこそ伝わるだろう。

　その中で徐々に成長していくＡ男を認め、励まし、母親にも伝える。このような具体的な行動を重ねた上で、母親のがんばりも認めるのだ。

　その連続によって母親も変わっていった。実際、Ａ男が通っていた小学校の校長らが「あの母親はほんとうに変わった」と述べたという。保護者の悩みを傾聴し具体的な方針を定め、行動をする。諦めそうになることがあっても励まし続ける。その連続によって保護者を支えることが可能であろう。

★★★

　その保護者が何にどう悩んでいるのかを掴むことである。生徒との日常会話や交換日記、教育相談、保護者との手紙の交流や面談など、実態を把握する機会は数多く存在する。相手への興味関心を示す。これが関係構築の第一歩であることは間違いない。

長谷川コメント

❸学校への不平不満を伝える保護者への対応

原田涼子

1	話を傾聴する
2	感謝を告げる
3	「他にもありませんか」と聞く

1 長谷川氏の実践分析

　長谷川氏の勤務校の保護者は、基本的に長谷川氏の応援団である。なぜなら、長谷川氏は生徒や学校のために、本気で身を削って動くからである。

　しかし、それでも不平不満を言う保護者は現れる。そんなとき、長谷川氏はどのように対応するのだろうか。

> 最初に重要なのは、即時に対応することである。

　長谷川氏は、電話があればすぐに対応し、電話だけでは充分でないと判断したときには、すぐに面談の場を設けたり、家庭訪問を行ったりする。

　例えば、鑑別所から出てきた息子に対し、他校生徒がちょっかいを出していることに激怒した保護者が、自宅のガラスを割り、血を流して来校してきたことがある。

　長谷川氏はすぐに対応し、1時間程度、話をした。そうしているうちに、保護者はいつものように涙を流し、落ち着いていったという。

　教師が即座に対応すれば、保護者は安心する。だから、長谷川氏は保護者の信頼を勝ち取ることができるのである。

2 保護者に対応する際のポイント

　では、実際に保護者に対応する際は、どのようなことに気をつければよいのだろうか。長谷川氏が示した対応のポイントは次である。

> ①話を傾聴する
> ②感謝を告げる
> ③「他にもありませんか」と聞く

①話を傾聴する

まず、保護者の話を傾聴することが大切である。

途中で口を挟んでしまうと、保護者は自分の話を最後まで聞いてもらえなかったと感じてしまう。そのため、できる限り話をさえぎらないよう、自然な相づちを打ちながら、相手の言いたいことをすべて聞くことが重要である。

もし、教師から保護者に伝えたいことがある場合は、相手がすべて話し終えた後に伝えるのがよい。

また、話を傾聴する際のポイントとして、氏は次のように言う。

> 「そ」のつく言葉で相づちを打つ。

具体的には「そうですか」「そうでしたか」「そうだったのですね」などである。

これらを、相手の話すペースに合わせ、自然なタイミングで言うことで、相手の話を聞こうとしていることや、相手の思いを受け止めようとしていることが伝わっていく。

同時に、「でも」という言葉を使わないこともポイントである。「でも」を使ってしまうと、相手の言葉を否定することになってしまう。

それ以外にも、基本的に相手の言い分を否定する言葉は全般的に避けることが重要である。

こうすることで、保護者は「自分の思いを理解してくれた」と感じることができる。だからこそ、教師と保護者の信頼関係ができていくのである。

②感謝を告げる

話をすべて聞き終わった後は、学校に対する不平不満であっても、「言ってくださり、ありがとうございます」と感謝を告げることが大切である。そうすることで、保護者も「伝えてよかった」と安心することができる。

保護者が不平不満を訴えてきたとき、教師が心に留めるべきことがある。

保護者も、不平不満を言うことに抵抗をもっている場合がある。

多くの保護者は、教師とよい関係を築きたいと思っている。ゆえに、根本的には、不平不満を言わずに済むなら言いたくないと思っている。

さらに、昨今では、「モンスターペアレント」や「クレーマー」だと思われる可能性がある。その上、子どもに対してよくない印象をもたれる危険性もある。

そういった危機感を抱きながらも、子どものためを思うと我慢ならず、わざわざ教師に話をしてくれているということを考慮しておく必要がある。

また、教師に直接言うということは「この先生ならわかってくれるだろう」「この先生なら解決してくれるはずだ」という期待もある。

保護者の立場を慮れば、心からの感謝を告げることができるはずだ。

③「他にもありませんか」と聞く

上記を行った上で、長谷川氏は最後に次のように言う。

「他にもありませんか」

もし、他にも言いたいことがあった場合、「他にもありませんか」と尋ねることで、「これを機にすべて言ってしまおう」という気持ちになり、言いたいことをすべて言ってもらうことができる。

言いたいことを言い尽くすまで、「他に心配なことはありませんか」「部活で困ったことはありませんか」というように、言葉を変えて繰り返し聞いていくとよい。

相手が言いたいことをすべて聞くことで、「この先生はどんなことでもすべて聞いてくれる」「保護者の思いを親身になって受け止めてくれる」という満足感をもってもらうことができる。

長谷川氏は、この三つのポイントを元に、保護者の気持ちに寄り添って対応していく。だからこそ、不平不満をもっていた保護者も、長谷川氏の応援団に変化していくのである。

3 追試実践報告

中学1年生を担任したとき、小学校からの引き継ぎで「要注意」だと言わ

れた保護者がいた。人間関係のトラブルで、息子が不登校になりかけて以降、母親は毎日のように職員室に怒鳴り込んできたという。

　４月の保護者会で、初めて母親と話をした。とても心配性で、息子の様子を隅々まで尋ねてきた。母親の心配性を考慮して、次のように対応することを心がけた。

> 気になることがあったら、こまめに電話をかける。

　息子はよく人間関係のトラブルを起こした。その都度、こまめに電話をかけるようにした。

　一度電話をかけると２時間近く話が止まらなかった。その中には、授業や学級経営、他の生徒への不平不満もあった。

　しかし、すべて話し終えると、いつも次のように言ってくれた。

「先生も忙しいのに、いつも丁寧にありがとうございます。私からも息子に注意しておきますんで。先生が連絡をくれると、家でも話ができるから助かるんですよ。心配は尽きないですけど、息子は、学校が楽しいって言うんですよ。中学に入るまで、一度も聞いたことがなかったんです。本当に、この学校に入学させてよかったです」

　電話の回数は徐々に減っていき、息子が３年生になる頃には、電話をする必要がなくなった。母親は、小学校で不登校だった娘も入学させた上に、PTA役員まで務めてくれた。

　学校に不平不満のある保護者でも、適切に対応し、信頼を得ることができれば、学校の応援団になってもらうこともできるのだ。

（―「研究資料」より）

＊＊＊

　不平不満は教師への期待の裏返しである。保護者が訴え出てくれればこそ、私たちは自らの仕事の至らなさに気づき得るのである。期待を背負い、成長の事実を生み出すために知恵を絞り汗をかく。その過程できっと、保護者は頼もしい応援団に変わっていく。

❹学校に対して無関心な保護者を巻き込むためには

森田健雄

| **1** | 生徒を伸ばす最善策を打ち続ける |
| **2** | 保護者の参画に感謝し歓迎する |

1 長谷川氏の実践分析

　ここでは長谷川氏の合唱コンクールに向けた取り組みを通して、学校の教育活動に無関心だった保護者集団がどのようにして参画するようになったのかを分析する。

　まず、保護者が学校に対して関心を持つようになるために必要なことがある。

> 　生徒の変容を示し続けることだ。

　自分の子どもが前年度とは変わり、良くなっている。そう実感できた時に保護者は学校に関心を持つようになる。そして、学校と一緒に子どもを伸ばしていこうと考えるようになる。

　長谷川氏は常に生徒の変容のために必要なことを考え、その都度最善策を打ち続けている。

　例えば合唱では、全く歌わない男子が歌うようになるにはどうすればいいのかを考え、長谷川氏はまず次の行動を取った。

> 　自身が大きな声で歌い続けることだ。

　ほとんどの男子が歌わない中、多くの教師は「なぜ歌わないのだ。女子の気持ちを考えろ」など、叱責して歌わせようとするのではないだろうか。しかし、そうやって怒られ続けたが男子は全く変わらなかった。だから長谷川氏は叱責することなく、自身が歌い続けるという手段をとったのだ。

　長谷川氏はいつも言っている。

結果を出すための最短距離を常に考えている。

　多くの男子が今まで出会った教師とは全く違う長谷川氏に少しずつ心が動かされてきたはずだ。それが生徒の日記からも分かる。

> ■朝、7時35分頃。生徒会の仕事をしている最中に、私の目の前にある光景が飛び込んできました。それは数名の男子とA君でした。私は驚き、思わず二度見してしまいました。A君が、歌の朝練習に来てくれたのです。とても嬉しくて、他のクラスの子に、「2Aは歌練を休む人が一人もいなくなった」と自慢してしまいました。この瞬間は、本当に嬉しかったです。(第158号)

　このような変化を感じているのは生徒だけではない。ここまでに保護者も感じているはずだ。

　長谷川氏は合唱コンクールまでの間に、生徒を怒鳴ったことが一度もない。4月の始めに、指導した場面が学級通信には出てくるが、それ以外に叱ったこともほとんど出てこない。むしろ、今何をやるべきなのかを伝え続けていることが分かる。

　保護者にもそれが伝わり、「この先生は違う」と感じていたはずだ。

　また、長谷川氏は自身の学級を成長させることが学校全体にとってもプラスになると確信していた。だからこそ、本気で格闘したのである。

2 　保護者の変容

　また、合唱コンクールの取り組みの最中に、何人もの保護者が長谷川氏に手紙を書いている。長谷川氏はそれらの手紙の多くを公開した。

　目的は二つあると考える。

> ①　保護者も応援していることを生徒に教えるため
> ②　保護者が学校教育に参画し始めていることを保護者に示すため

　長谷川氏が示す子どもの変容に共鳴し、協力したいと考えた保護者は多かったはずだ。だが、多くの保護者が「自分が教師の行動に対して何か言っていいのだろうか」と考え、行動を起こすことをためらったはずだ。長谷川氏はその行動を後押しする意味も込め、保護者の手紙を公開したのだ。例えば以下のような手紙だ。

■最近のうれしい事を先生に聞いてもらいたかったのです。
　それは息子が、「これから歌の練習があり、帰りが遅くなるから、○○送ってくれる」と言ってきた事。別の日には、「土曜日来る？　俺達、昨年合唱コンクールで歌っていた？」「みんな下向いたり、歌っていなかったね」と言うと、「今年は、みんな歌っているから」
　息子から合唱の話をしてきたのです。送迎の車内での少しの出来事でしたが、降りた後、うれしくて涙が止まりませんでした。（第170号）

　長谷川氏はこの時期に突然保護者への参画を呼びかけたのではない。4月の保護者会で「保護者と教師が共に汗をかき、生徒の成長のために働きかけていく共汗関係を作っていきましょう」と伝えている。保護者の参画なしには生徒が変容しないことが分かっているからだ。

　ただし、参画の強要は一切行っていない。手紙をくれ、などとはまったく言っていないのである。それでも保護者から、次々と手紙が届くようになる。保護者自身が書きたくて書くように変容しているのである。

　合唱コンクール後、長谷川氏は学級通信に次のように綴っている。

　他の収穫もあります。何人もの保護者が、子供達の現実を我が事として考え始めてくれていることです。
　悔しいと涙を流してくれる人が出てきた。
　何かしなければと真剣に考え声をあげてくれる人が出てきた。
　これは、宝です。（略）（第166号）

　合唱コンクールを通して関わってくれた保護者に対し、長谷川氏は感謝の気持ちを示している。この後、多くの保護者が学級の変容や自分の子どもの変容について長谷川氏に手紙を書いている。保護者もこれまでとは違う教師の登場で、安心して学校に関われるようになったのだ。この関わりが学級解散の日まで続いたのは言うまでもない。

「もっと子どもの成長に対して関わってほしい」と教師が言うのは簡単だが、子どもが変容しなくては保護者も自分の時間を使って何かをしようとは考えないだろう。

　氏の合唱コンクールでの保護者との関わりから、教師と生徒との信頼関係が強くなると、保護者と教師との信頼関係もまた強くなることがよく分かった。

前年度暴力事件を何度も起こしていたA男を担任することになった。暴力事件の度に保護者が呼ばれた。時には保護者が学校に来る前に、学校から脱走してしまうこともあった。そんなA男の様子を見た保護者は学校との関わりを避けるようになってしまった。A男の行動についても、学校にも非があるのではないかというスタンスになってしまった。

私が担任することになり、A男が変わっていくには保護者との協力が不可欠だと思った。そこで、まずはA男の変容に何が一番大事かを考えることにした。

> A男の行動を受け入れ褒めること

を、大事にした。例えばA男は、プリント配布の手伝いなど、教師のお手伝いが好きだった。しかし、それを誰かが手伝おうとすると、暴言をはくことがあった。自分だけでやりたかったのだ。

私は、まずは手伝いをしてくれたことに感謝し、その後で、良くなかった行動について話すようにした。A男は褒められた後だと、自分の非も認められるようになった。

A男が何か手伝いをしてくれる度に、母親にそのことを電話や手紙で伝えるようにした。最後に必ず「いつもお母さんがご指導してくださるおかげです」という一言を付け加えた。

夏休みの三者面談で、私が「昨年と全く違い穏やかに過ごし、お手伝いを積極的にしてくれます」と保護者に伝えた時の保護者の一言が印象的だった。「本来はそういう子なんです」と保護者は言ったのだ。

どの保護者も自分の子どもを認めて、伸ばしてくれる教師を求めているのだと感じた。長谷川氏がそういう実践を示し続けているからこそ、私もできたことだった。

(『長谷川博之の学級通信365日全記録 上巻』より引用)

★★★

大学卒業と同時に教壇に立った私を教師として育ててくれたのが保護者集団だった。苦しい時、厳しい時に陰に陽に支え励ましてくれたのもまた保護者集団であった。私の実践群の多くは、そのような保護者の支えがあって初めて生まれたものである。

長谷川コメント

5 保護者が大応援団になる教師の特徴

広瀬　翔

1 「信頼を勝ち得るための三カ条」を貫く

2 教師が変わり、子どもが変わり、保護者が変わる

1 保護者の信頼を勝ち得るための三カ条

長谷川氏は著書に「保護者の信頼を勝ち得るための三カ条」をまとめている。

> その1　信念に貫かれた行動なら、伝わる
> その2　通信でつながりをつくる
> その3　子どもを向上的に変容させる（『超・積極的指導法』p199〜205）

長谷川氏の合唱指導を基に、一つずつポイントに沿って分析する。

その1　信念に貫かれた行動なら、伝わる

長谷川氏は保護者と教師は対等であると考えている。互いに担っている役割分担を全うし、生徒の成長のために同じ方向を向いて努力することを大切にしている。

そのため「言うべきことを言うべき時に言うべきタイミングで言う」「事実を基にして何が問題かを明らかにし、どうすればよいかまで明示する」という2点を重視している。

例えば、合唱コンクール前の朝練習にクラス全員が揃わなかった日が続いた際、長谷川氏は保護者に対して次のように投げかけている。

> 保護者の皆さんに質問です。お子さんは登校に何分かかりますか。金曜日、そして本日、何分に家を出ましたか。（中略）それに間に合う時間にお子さんは家を出ていますか。もし出ていないとして、保護者の皆さ

んが出ることを促していないとしたら、今年もまた「最悪の合唱」（家庭
訪問時に複数の方から出た言葉）で終わります。（中略）
　子どもたちにまともな生き方をさせ、人を思いやる心を育むために
は、まず第一に周りの大人が自分を変える必要があります。それがなけ
れば、子どもたちは変わりません。（第143号）

　上記は保護者に対する、強烈で真剣な問題提起である。

　長谷川氏が担当した学年は、前年の合唱コンクール本番の舞台上で男子が
お喋りをしていた。全校生徒や教職員、他の保護者が見守る中で、である。
保護者が「最悪の合唱」と涙ながらに評した理由も頷ける。

　その現実を変えるべく、子どもにとって最大の教育環境でもある保護者や
教師などの大人を変えるための発信である。

　その実現のために、「朝練習に間に合う時間に家を送り出す」という保護
者の役割を担ってもらうべく、「家を出ることを促す」という具体的な行動
も明示しているのだ。

　もちろん、こうした言葉を突然伝えても保護者の心には響きにくい。長谷
川氏は信念に基づいて日頃から様々に情報共有している。

　4月から学級通信を通じて学級の様子を描写して伝えている。良いことも
良くないことも、必要なことを必要なタイミングで、包み隠さずに伝えてい
る。そうして日頃から関係を紡いだ上での問題提起である。

　合唱練習の期間においても、指揮者や伴奏者が努力する姿を伝えたり、合
唱に対する生徒の声を通信で紹介したりしている。このような保護者を巻き
込む動きが大切である。

その2　通信でつながりをつくる

　学級通信や学年通信の発行は長谷川氏の実践の核の一つである。

　学級生活の描写や授業の記録以外にも、生徒の文章も多く掲載されている。
もちろん長谷川氏の文章もあるが、保護者の文章も掲載される。

　生徒が綴る文章は時間が経つほどに真剣さが増していく。4月当初には表
れなかった学級や個人の問題点も、長谷川氏との結びつきが強くなれば強く
なるほどに語られていくようになる。

　教師が通信を発行すると、生徒というフィルターを通さずに、教師の思想

や主張がそのまま保護者に伝わる。「目の前の子どもをどのような方向に教え育むか」を保護者と共有することが可能となるのである。

合唱コンクール本番1週間前、保護者から次の手紙が寄せられた。

> 合唱、確かに自分達の決めた事ではないし、がんばりたい事ではないかもしれない。（中略）親にとってはただの学校行事ではないんですよ。みんなの成長を見られるとあって、期待して見に行きます。「くるな！」と言われても我が子の成長を見たいから行く。だって親はみんなの成長する姿を心から楽しみにしているから。だから、あと1週間、合唱練習を頑張って下さい。（第149号）

こうした思いを持っている保護者は日に日に増していく。長谷川氏の元に届く便りの枚数も増え続け、その内容も濃いものになっていく。

それを読んだ生徒はさらに発奮して練習に打ち込むようになる。部活動の指導で長谷川氏が合唱練習に付き添えない朝や昼の時間も、女子を中心により一層熱の入った歌声になっていったのだ。

上記は長谷川氏が繋がりを作ってきたからこそ生まれた事実である。保護者からも連帯の証として具体的な行動が起き始めていた。こうした具体的な動きが生まれるのが「大応援団」という証明の1つである。

その3　子どもを向上的に変容させる

授業や日常生活、学校行事を通じて、生徒が変容する。その変容が保護者に伝わり、学校の教育活動に一緒に取り組んでくれるようになる。

その変容をどのように生み出すのか。合唱指導においても長谷川氏は「直接の関わり×日記指導×学級通信でアプローチする」という方針を貫いている。例えば、合唱コンクール本番まで2週間ほどのある日、長谷川氏は歌声がなかなか聞こえてこない男子に対し「なぜ歌わないのか」を質問したことがある。怒るでも叱るでもなく、純粋に生徒を理解するための働きかけの一つであった。

学級通信本にある生徒の本音として、「歌わなかったらそのまま済まされる……。いつもそうでした」という記述が見られた。

こうした男子の言葉が次々と聞かれたと推察する。それを受け止めた上で、長谷川氏は「自分が歌う」という働きかけを行った。

また、長谷川氏は4月当初から10月末まで様々な手を打ってきた。生徒の向上的な変容と、それを合唱コンクールで表現させるために行ってきたことが分かる描写を抜粋する。

> 　この7カ月間の、2Aの一人ひとりの成長は確かなものです。4月の実態とは「月とすっぽん」と表現しても過言ではないくらい違います。時間を守ります。私が立てば静かになります。話が通ります。散乱していたゴミや名前のないプリント類も、今はほとんどなくなりました。（中略）だからこそ、そのがんばりを「合唱」という形あるものに結実させ、全体の前で表現させたかった。そのために、全体に語り、個人と語り合い、日記でやりとりをし、通信を書き、授業をし……と積み重ねてきました。（第167号）

「月とすっぽん」と評されるほどに変わった生徒たちのがんばりを、合唱という場で表現させたいという教師の思いが感じられる。合唱を経てさらに生徒を成長させたいという願いも読み取ることができる。

　こうした事実をリアルタイムで学級通信として保護者と共有したり、生徒自身の口から合唱の話題が家庭でも出るくらいに熱心な取り組みを促したりする中で、保護者も合唱コンクールに参画していくようになっていった。ある保護者は次のように記していた。

> 「気愛」の中で「全員参加」とありました。少しでもその一員になれるかと思い、ペンをとりました。（第157号）

　保護者も引っくるめて「全員」。これが大応援団である。すべての保護者が同じ熱量ではないかもしれないが、そのほとんどが熱心に、本気で我が事のように学級を思っていることが長谷川氏の著書から分かる。

　教師が変わり、子どもが変わり、保護者が変わる。そのサイクルを回し続けるべく、教師は常に自らが成長と変容をすべきである。

　　　　　　　　　　（『長谷川博之の学級通信365日全記録 上巻』より引用）

★★★

　拙著『超・積極的指導法』に、「術の前に熱である」と書いた。保護者を一人また一人と巻き込むようなうねりを生み出すには、情熱が不可欠である。どんな逆境にあっても生徒を伸ばす。この情熱である。

長谷川コメント

① 自分一人で抱え込まない
——チームで行う生徒指導

吉川大胤

1	方針を立て共有する
2	チームで対応する
3	得意なところで活躍する

1 方針を立て共有する

「特別支援を要する生徒がクラスの荒れの要因になっており、その生徒と周りの生徒への対応に困っている」というのは、どの学校でも聞くことである。長谷川氏は、次のように言う。

> 原則から言いますと、発達障害の有無にかかわらず駄目なことは駄目と教えることです。(『超・積極的指導法』p225)

さらに、「配慮は『指導法の工夫』でするものです。問題を見過ごす言い訳にしてはいけません」と続けている。

私自身、「配慮」という名のもとに、発達障害の子に対する問題を見過ごし、子どもに言われた言葉がある。「先生、なんでAくんは注意されないのですか?」と。

私は、その場で、「Aくんは、気持ちをコントロールするのが難しい所があるから、理解してあげて」と言った。しかし、質問をした真面目な児童は、何を理解すればいいのか分からなかった。原則から外れた私の対応が、真面目な子の荒れを生んでしまったのである。

勤務した学校が過去に荒れた原因として、長谷川氏は「ルールが一貫しなかった」ことを指摘している。一貫したルール、方針を立て、学校全体で共通行動ができるようにする必要がある。例えば、「暴力を振るったら、警察を呼ぶ」「煙草を吸ったら親を呼ぶ」「染髪して登校したら、家の責任で直させ

てから再登校する」などが挙げられる。

　また、長谷川氏は、「方針を立て共有する」ための方法の一つに、「校内研修」を挙げている。氏は、「読み書きの力と計算の力。これらをきちんとつけてやれば、生徒は勉強を捨てない」と言う。そのために模擬授業研修、生徒指導事例研修、そして、特別支援対応研修を行っているのだ。

2　チームで対応する

　年度当初に、全職員で方針を確認する。全職員が、子どもたちへの問題行動へ同じように対応すれば、反発は起きない。子どもたちは、教師の行動をよく見ている。だからこそ教師間の指導のずれに敏感に反応する。逆も同じである。だめなことは、どの教師にもだめと言われる。そういった環境の中で、子どもは安定する。

　しかし、生徒指導が頻発するような学校では、教員が疲弊してしまうことも考えられる。長谷川氏は、次のように述べている。

> 　同僚に楽しく、気持ちよく働いてもらうにはどうするかを、特に考えていました。（前掲書 p222）

　荒れとの格闘のさなか、氏は同僚のためにおいしいものを買ったり、お茶を入れたりしながら、笑い話をしたという。転出した職員が、「こんな雰囲気の良い学校はない」「戻りたい」というほどの雰囲気だったそうだ。セミナーに参加した元同僚も同様の感想を述べていた。
「チームで対応する」ためには、何よりも相談できる職場の雰囲気が必要である。本当に辛い先生は、相談できずに困っている。そういった先生が安心して話をすることができる職場を作っていくことが大切だ。

3　得意なところで活躍する

　長谷川氏は、会議で決定したことを行っていない人、指導方針から外れる行動をしている人に対して、「指導をすべき場面から逃げたら指導力は伸びない。その先生は指導できない先生だと、生徒は見抜くから、いっそう好き勝手をやっていくことになる」と述べている。
　上記の言葉を前提に置いた上で、

> 　各学年にはいろいろなタイプの先生がいるわけで、それぞれの学年の
> 生徒指導がまず組織的にできればいいのですよね。学年の生徒指導担当
> を中心にして。得意な人が得意な場で活躍すればよい。それが適材適所
> です。（前掲書 p213）

と記している。

　シャツを入れなさい、ボタンを止めなさいなど、学校の指導方針に沿って、
言うべきことは全員が同じように言う。しかし、「すべて」の先生が、「すべて」
を直させようと戦うのは違うということである。

　共感的に寄り添いながら対応することが得意な先生がいたり、だめなもの
はだめと最後まで言い続けることが得意な先生がいたりする。生徒指導主任
の立場であれば、各学年の生徒指導担当と連携を取り、担当以外の先生には、
子どものフォローに回ってもらうようお願いするなど役割分担を行うことも
必要である。氏は、

> 「生徒指導主任の仕事として、時に同僚相手に厳しく述べる場面も必要
> です。けれども、基本的にはよくやってくれましたね、ありがとうござ
> いますと言って労を労う。他ができないことは自分がやっていけばいい
> ですよね。」（前掲書 p214）

と述べている。

　組織としての動きを作り、行動の確認をし、行動をしてくれたことに感謝
を伝える。行動をしたとしても難しいところには、自分がその役割の代わり
を行う。得意な人が得意な場で活躍できる組織作りが、学校を安定させ、子
どもたちにも安心で安全な環境を与えることに繋がる。

4 ｜ 生徒指導主任として長谷川氏の実践を追試し、校内に広める

　長谷川氏が校内研修で活用した雑誌の一つに、「総合リハビリテーション」
誌 2013 年 1 月号、宮尾益知氏と谷和樹氏論文がある。

　私自身が生徒指導主任を務めた時代に、本論文を用いた研修を開いた。た
とえば、アスペルガー症候群（ASD）については、「毎日の生活のパターンを

スケジュール化し、場所、順番、方法をできるだけ変えないようにする。初めてのことに対する不安が強いことから、予行演習をしておくことが望ましい」ということを紹介し、目の前の子どもの対応方針として示した。何をどうすればよいのか混乱する現場において、専門医の知見はとても有力な支えとなる。

　ある年には、5月中旬を越えた辺りから少しずつルールが守られなくなり、担任の指導も入らなくなっていった。生徒指導委員会で「学校のルールである、帽子をかぶって下校する。このことが守られていない時は、学級や学年の枠を超えて、みなさんで声を掛けていきましょう」と伝え、各学年に情報を伝えてもらった。結果、どの先生も同じことを言うようになった。子どもたちは少しずつ帽子をかぶって下校するようになった。職員集団が足並みを揃えて声を掛けることで、子どもたちの行動が変化していったのだった。

　最後に、「駄目なことは駄目と教える」という長谷川氏の言葉を受け、学校で行ったことについて述べる。大切なことは、

　　全職員が「共通行動」を図ることである。

　長谷川氏は、「共通理解」よりも「共通行動」の大切さを述べている。理解だけあっても、行動が伴わなければ何の意味もないからである。

　学校で行った共通行動の例として、「暴力行為は親を呼び、事情を説明して最終的な解決策を決める」「大声を出したり、人を傷つけたりする行為をした際は、別室に移動させ落ち着かせてから話をする」などが挙げられる。

　明確な方針の共有、チームでの対応、得意なところでの活躍を意識することで、チームとしての生徒指導が可能になるのだ。

★★★

抱え込ませない仕組みづくりが要る。組織の風通しを良くするのである。中高ならばやりやすい。教科担任制だからである。学年集団で担任を支え生徒を伸ばすのである。小学校では日々の授業を公開するだけでも、児童の実態の共有が進むだろう。セクショナリズムは要らない。

長谷川コメント

2 まずい対応事例の対処

星野優子

> **1** 対応の何が不適切だったのかを共有する
> **2** 対応の原則を全職員で学ぶ校内研修を継続して行う
> **3** まずい対応があった場合には、対応できる職員が変わる

1 不適切な対応事例

長谷川氏が７年間勤務した学校でのエピソードである。

その年に赴任してきた先生が、特別支援の必要な生徒に対し、不適切な対応をし、荒れさせてしまった事例があった。

どのような事例だったのか以下に簡潔にまとめる。

> 入学式準備と校内清掃中、ADHDの中３男子生徒が、無理矢理相談室に入ろうとした結果、ドアが外れた。大きな音を聞き付けて集まった４名の教員が、その男子生徒を囲んだ。反抗した男子生徒の言動に腹を立て、教員の１人が生徒の腕をつねった。
>
> 生徒は切れ、あちこちを殴る蹴るしながら、学校を飛び出した。
>
> 途中で追いついた教員が生徒を羽交い絞めにして止めようとしたところ、男子生徒はさらに切れた。学校近隣の電気屋の駐車場にある金属の屑かごを蹴飛ばし、吹っ飛んだ屑かごが近くに停められていた車に当たり、ボディを傷つけた。(『超・積極的指導法』─引用一部要約 p68)

一見、生徒指導の事例のように読み取れるが、問題を起こした男子生徒は特別支援の対応が必要な生徒である。

適切な対応をすれば、ここまでの大事には至らなかった事例だ。

上記の指導の問題点は何か。例えば以下が挙げられる。

①複数の教員が男子生徒を囲んだ。

②言動に腹を立て、腕をつねった。

③羽交い絞めにして切れている生徒を力づくで止めようとした。

例えば①。複数対応は生徒指導の基本ではあるが、教師が「4人で」「囲む」ことにより、興奮している生徒はさらに興奮する。

また、文面から、威圧的な指導があったことが予想される。これも興奮を招く対応だ。

さらに②。どのような経緯があったにせよ、教師が「腕をつねる」行為は体罰であり、生徒が切れることを促すような行為である。

そして③。興奮している生徒を羽交い絞めにして力づくで止める行為は危険極まりない。

特別支援の必要な生徒に限らず、興奮しているときにはまず周りの目がない静かな場所に移動させ、落ち着かせるのが対応の基本だ。興奮状態にある場合、人間は冷静に話を聞くことができない。まずは落ち着かせることで、次のステップに進むことができる。

しかし、赴任したばかりの教員は上記の指導のまずさが分かっていない、あるいは分かっていても実際に対応ができなかったのだろう。結果として男子生徒は校外に飛び出し、器物を破損するに至った。

2 研修で適切な対応を共有する

その事件報告を受けた校長先生は次のように述べたという。

> 「特別支援の対応じゃなかったから荒れたんだ！」「新しく来た先生方にもぜひ学んでもらわなければ、学校が壊れる」

この言葉から何が分かるか。

> 「特別支援の対応」を職員のスタンダードにしようと努めている。

昨今、「特別支援」「発達障害」という言葉はよく聞かれるようになった。しかし、その対応についての共通理解・共通行動は薄いのではないだろうか。

長谷川氏の勤務する学校では違う。

「特別支援の対応」が、長谷川氏以外の職員にも意識され、実行されているのである。

先ほどの事例でも、生徒が切れて出ていったあと、長谷川氏は次のように記録している。

> （現場に駆け付けようとしたところ）帰ってくる先生方に出くわした。「担任の先生が追いついて、声をかけながら歩いている」と言う。その先生ならば、彼への対応が分かっている。（前掲書 p68）

　担任の先生は、なぜその生徒への対応が分かっているのだろうか。
　それは、単に前年度までの付き合いがあるからだけではないだろう。

> 校内で特別支援研修を継続して行っているからである。

　長谷川氏は「学期に１回、特別支援研修を行っている」と述べる。
　発達障害についての基礎知識、専門医の指導をふまえた対応のポイント、そして、そのような対応を授業でどう生かすか、という視点で「模擬授業研修」も行われている。
　学校現場では、特別支援に詳しい教師が一人いただけでは生徒はよくならない。全職員にその知識・対応を広げてこそ、学校全体がよくなっていく。長谷川氏の勤務校では、その知識・対応が一般的になっていたからこそ、校長先生が「特別支援の対応じゃなかったから」という言葉を述べたのだろう。
　氏は、冒頭の事件があった日、職員に次のように話したという。

> 午後の職員会議で私は、生徒指導、教育相談という従来の二本柱のほかに、特別支援という柱を持たねば教育ができないことを述べた。
> （前掲書 p69）

　教師が真摯に学び続け、その生徒、その生徒に合った対応ができるように学ぶ必要がある。
　そのことを職員に粘り強く働きかけ、研修を実施し、適切な対応を共有していくことが重要である。

3　追試実践報告

「特別支援の研修が必要」とは分かっていても、どのように進めたらよいか分からない、という人も多いだろう。私も、以前勤務校にて特別支援の研修

を行った。その際、役立ったのが次だ。

「発達障がい児本人の訴え」（教育技術研究所）

　この冊子は、発達障害を抱えた子どもが、学校でどのように対応してほしかったかを具体的な事例とともにまとめた冊子である。

　この本の事例を取り上げ、先生方と一緒に対応を考える、という研修を行った。例えば、研修で取り上げた事例に次があった。

　自分の声の大きさが分からず、音楽の合唱で自分だけ大きな声が出てしまう。（前掲書）

「先生方、このような子がいたら、どうやって対応しますか？　グループでたくさん出し合ってください」と話し、対応を考えてもらった。

　研修の場なので、先生方も工夫した対応を考える。

「いろいろな対応が考えられますよね。『声が大きいから小さくしなさい』というだけではダメなんだ、ということは先生方の意見からも分かります」と告げ、対応例を紹介して終えた。

　研修の翌週、ある先生が話しかけてきた。

「星野先生、この前の研修でやった声の大きさの話。クラスのＡくんに、研修で紹介されたように対応したら、直ったよ！」

　研修が実際に役立つのだと分かれば、先生方の学ぶ意欲も増す。

　学ぶことで生徒が変わっていくと実感させることが、特別支援の対応を学校に広める大きな足掛かりとなる。

★★★

　不適切な対応が生じないように事前に手を打つのが第一だ。私は４月２日に第１回職員研修を開き、指導上配慮を要する生徒の情報と指導方針、具体的な対応策とを明示する。万一生じてしまった場合には自らが先頭に立ち、事態を収束させる。専門的知識と指導力とが問われる。

長谷川コメント

❸生徒指導委員会の運営

上田浩人

1	授業時間内に会議を開く
2	報告は短く、協議を長くする
3	全職員に共有し、確認する

1 時間割に会議を組み込む

　生徒の対応や会議、部活動指導等、中学教師は放課後もすることがたくさんある。そのため、放課後に生徒指導委員会を実施することは、以下の二つのリスクを高める。

①部活動等で教師不在による事故が発生する
②緊急事態の対応で生徒指導担当教師等が参加できなくなる

　長谷川氏は生徒指導主任として、生徒指導委員会を開いていた。管理職や各学年の生徒指導担当、養護教諭等を巻き込んで週に1度情報交換の場を設けていたのである。

　その情報交換の場は時間割に組み込まれていた。4月に時間割担当の教師に依頼しておき、各学年の生徒指導担当教師の時間割を調整してもらうのだ。そうすることで該当者は確実に集まることができる。

　また、終わりの時間も決まっているため、会議も自然と密度の濃いものになっていく。さらに、放課後にはすぐに部活動の指導ができるため、怪我や事故の予防にもつながっていく。

2 報告は短く、協議を長く

　会議で提案を行う際の大原則は以下である。

　報告の時間を極力短くし、協議の時間を長くする。

生徒指導関連の提案で見受けられるのは、生徒指導案件の事後報告を口頭で語ることである。詳しく伝えようと詳細に話す人もいるが、長くなればなるほど「その後、学校としてどう対処するか」という方針を協議する時間が短くなってしまう。結果、生徒指導の案件を減らすための具体的な方策が共有されず、その事態は改善されないことが多い。

　話し合いを効率的に進める工夫として、長谷川氏は各学年の生徒指導担当にレポートの準備を依頼した。それは次の手順で準備される。

①学年主任が各担任、副担任と順番に回して記載する
②学年の生徒指導担当が部会に参加する人数分だけコピーし、持参する

　ポイントは①だ。全員に回覧されるため、その週に当該学年で発生した生徒指導案件をすべて吸い上げることができる。

　また、レポートだから、見ればわかることには説明は要らなくなる。無駄が省かれるため、会議にリズムとテンポが生まれる。その分、具体的な方策を協議するために時間を割くことが可能となるのだ。

　具体的な方策を考えるポイントとして、長谷川氏は次の3点を挙げている。

　誰が、いつまでに、いかなる指導をするのか。
（『超・積極的指導法』p212）

　一度会議で上がった案件は、指導の経過を翌週の会議で報告してもらう。指導が終わっていたのならば、その案件は終わりとなる。一方、継続中ならば新たな策を立てていく。

　必要があれば管理職に対応を仰いだり、スクールカウンセラーとの面談、警察などの外部機関との連携も図ったりしていく。

　生徒が向上的に変容するために必要な連携を、教師がハブとなって繋いでいくことが求められる。

3　全職員に共有し、確認する

　会議後にありがちなのが、生徒指導担当で情報が止まることだ。せっかく会議で方策を決めたところで、全職員に伝わらなければ意味がない。共有するとしても、全学年に関する会議の内容をあれもこれもと説明してしまうと、時間もかかり内容も伝わりにくい。

長谷川氏は、以下のように情報を全職員に共有している。

> 職員会議の連絡コーナーで済むことや、協議するまでもないことだったら、朝の打ち合わせなどで全体に伝えればいいですね。
> また、詳細は、各学年の生徒指導担当が各学年で伝えれば良い。
>
> （前掲書 p213）

　基本的には、各学年の内容は各学年の生徒指導担当にお願いする。それにより報告時間も短くなり、大切な情報から共有されることになる。

　一方で、全体に関わることならば職員会議を待たず、朝の職員連絡で共有する。こうすることで、短い時間で全員に、大切な情報を共有することができる。

　また、会議で決まったことを伝えたとしても、実行する教師と実行しない教師に分かれることがある。

　例えば、「スカートが膝丈より短い生徒がいた場合は注意しましょう」という決定事項だ。この場合、実行していない教師がいた場合は、指摘が必要になる。

　長谷川氏は、生徒指導主任として、次のように指摘するという。

> 　ルール違反を見過ごして指導から逃げたら、後々先生自身が苦しくなるのですよ。
> 　指導すべき場面から逃げたら指導力は伸びない。その先生は指導できない先生だと、生徒は見抜くから、いっそう好き勝手をやっていくことになる。（前掲書 p213）

　教師なのだから、指導はしなくてはいけない。教師の個性等は関係ないのだ。

　しかし、生徒が指導を受け入れるかどうかは、また別の問題である。

　長谷川氏は、次のように続ける。

> 　教育公務員として税金から給料をもらっているのだから、そして学校は組織なのだから、その先生の個性とかなんとかは関係なく、言うことは言わないといけません。注意は全員がするのです。ただし、シャツを入れなさい、ボタンを閉めなさいと「すべて」の先生がその場で該当生

徒の「すべて」を直させようと戦うのは違う。取っ組み合いの喧嘩をするまで指導を詰める必要はない。

　各学年にはいろいろなタイプの先生がいるわけで、それぞれの学年の生徒指導がまずは組織的にできればいいのですよね。学年の生徒指導担当を中心にして。得意な人が得意な場で活躍すればよい。それが適材適所です。（前掲書 p213）

生徒指導委員会で方針を決め、組織的に対応する。

　そして実行した結果がどうだったのか。その効果を検証することが必要である。

　生徒が向上的に変容した場合、その方針は効果的だったと分かる。そのため、その行動は継続していく。

　そして、その方針を実行しなくても生徒が不適切な行動を行わないように支援を段階的に減らしていくことも必要だ。学校を卒業すると周囲に支援をしてくれる大人が常にいるとは限らないためである。

　自立して生活を行えるようにするためにも、短期目標・中期目標・長期目標を据え、それを達成するための具体的な方策を共有したい。

　逆に、その方針が生徒をマイナス方向に引っ張る結果となった場合、直ちに方向転換を図ることが大切である。

　その際にも、何が生徒の不適切な要因を引き起こしたのか。環境要因や人的要因など、様々な視点から分析して反映することが求められる。

　そして生徒の様子を記載し、再び、生徒指導部会にて共有。新しい方針を定めて行動する。

　方針を立て、行動し、その結果を検証し、また新たな方針を立てる。このサイクルを促すような情報共有を行っていく必要がある。

　その連続で生徒の向上的な変容を促したい。

★★★

　「本来の会議は各学年からの情報を基に、いかなる方針のもとで、いつまでに誰がどのように対応するのかを決定する場であるはずです。その決定に従って１週間取り組んだ成果を翌週の会議で報告し、また新たに計画を練る。これが本来の形でしょう」私はどの学校でもこう語る。

長谷川コメント

あとがき

　生徒指導や教育相談が成功していない学校には共通した特徴がある。

　三十代前半までの実践をまとめた『生徒に「私はできる！」と思わせる超・積極的指導法』（学芸みらい社）等で再三指摘してきた。

　共通した特徴とはこれである。

> **システムがないこと。**

　先日、ある校長先生が『中学の学級開き　黄金のスタートを切る３日間の準備ネタ』（同上）を取り上げ、こう評してくれた。

> **長谷川先生編著の本には、学級経営の構造がある。**
> **これは、初任の先生たちが持っていない視点であり、肝要である。**
> **しかも、抜かりなく徹底している。**

　私は新卒で教壇に立った。TOSSの存在を知らない当時から、学級生徒用の冊子のタイトルに「システム」の一語を冠していた。

　集団を動かすならば構造（しくみ）をはっきりさせることが重要であり、個々の機能を秩序立ててシステムを構築することが不可欠であると考えていたのである。

　結果、立て直しの経験は多々あれど、学級集団の状態を悪化させた経験は一度としてない。

　それら私の実践の一部は、本書によってこれまで以上に明らかになったことだろう。

　さて、システムがあると何が良いのか。

> **一番は、子どもの自立・自律が促されることである。**

　子どもの成長が加速するのだ。

　安定したシステムの上で子どもたちに対応する私たち教師の営みは、常に予防的で、プロアクティブで、しかもポジティブなものとなる。

専門的に言えば、一次的支援が充実するのである。

　一次的支援を私流の言葉にすれば、「投網」となる。

「理想とする言動を予め示す」「子どものささやかな言動を価値づけする」など、広く全体に網を掛けるのだ。

「全体然る後に個」の原則どおりの指導となる。これで集団が伸びる。

　そのうえで一次的支援のみでは足りない子どもたちに二次的支援を為し、然る後に、より大きな課題のある子どもに三次的支援を為す。

　三次的支援を要する子どもは一般の学校では数パーセントに過ぎない。学級・学年集団を成長させることで、三次的支援まで進む子どもを数パーセントに「抑える」イメージである。数パーセントにとどまればこそ、人的にも物的にもたいへん厳しい条件下にあって、必要なところに必要なエネルギーと時間とを存分に注ぐことができる。

　これがシステムの力である。

　成功していない学校は第一に一次的支援を為すシステムが欠如している。自然、三次的支援に偏る。いわゆる「消極的指導」「事後対応」「後手後手の仕事」が蔓延しているのである。

　だからいつまで経っても課題が縮小されず、教師の疲労も蓄積され続ける。結果的に、学級、学年、学校が崩れてしまうのである。

　このあたりのことを取り上げ、書籍や講座にするのも私の使命のひとつだろうと思う。

　県の「生徒指導推進モデル校」で長期間にわたって多種多様な実践を積み上げてき、学校外でも日本小児科連絡協議会「発達障害への対応委員会」や文科省委託事業「子どもみんなプロジェクト」で５年10年と研究を重ねてきた身としての、働き処である。

　もっと考え、もっと汗をかき、教育界に資したいと願う。

　　　　　　　　　　　　　　　　　　　　　　長谷川博之

［執筆者一覧］

長谷川博之　熊谷市立奈良中学校
森田健雄　　さいたま市立宮前中学校
原田涼子　　世田谷区立太子堂中学校
吉川大胤　　毛呂山町立川角小学校
横田泰紀　　鴻巣市立川里中学校

新井　亮　　埼玉県鶴ヶ島市立栄小学校
野口雄一　　富士見市立みずほ台小学校
星野優子　　さいたま市立指扇中学校
上野一幸　　福島県南会津町立田島中学校
岡　拓真　　東松島市立矢本第一中学校
上田浩人　　北海道浦河高等学校
伊藤圭一　　朝霞市立朝霞第四中学校
広瀬　翔　　笛吹市立春日居中学校

［編著者紹介］

長谷川博之（はせがわ ひろゆき）

1977年1月17日生。早稲田大学卒。早稲田大学教職大学院卒。TOSS代表代行補佐。向山一門副代表。NPO法人埼玉教育技術研究所代表理事。TOSS埼玉志士舞代表。JP郵便教育推進委員。全国各地で開催されるセミナーや学会、自治体や学校、保育園の研修に招かれ、年間70以上の講演や授業を行っている。また自身のNPOでも多種多様な学習会を主催している。

主な著書に『生徒に「私はできる！」と思わせる超・積極的指導法』『中学校を「荒れ」から立て直す！』『中学の学級開き　黄金のスタートを切る3日間の準備ネタ』『中学生にジーンと響く道徳話100選』『小学生がシーンとして聴く道徳話100選』『生徒の心をわしづかみ！　長谷川博之の「学級通信」365日全記録　上巻・下巻』（以上、学芸みらい社）、『クラス皆が一体化！　中学担任が作る合唱指導』『子ども・保護者・教師の心をつなぐ“交換日記＆学級通信”魔法の書き方と書かせ方』『黄金の三日間を制する授業準備ノート』（以上、明治図書）等がある。

長谷川博之の「成功する生徒指導」の原則
「自分から変わろうとする」生徒たち誕生ドラマ

GAKUGEI
MIRAISHA

2020年10月5日　初版発行
2020年11月20日　再版発行
2024年1月30日　第3版発行

編著者　長谷川博之
発行者　小島直人
発行所　株式会社学芸みらい社
　　　　〒162-0833　東京都新宿区箪笥町31番　箪笥町SKビル3F
　　　　電話番号 03-5227-1266
　　　　https://www.gakugeimirai.jp/
　　　　E-mail : info@gakugeimirai.jp
印刷所・製本所　藤原印刷株式会社
企　画　樋口雅子
校　正　菅　洋子
装丁デザイン・本文組版　小沼孝至